LES CAVALERIES ÉTRANGÈR[ES]

LA

CAVALERIE ITALIENNE

HISTOIRE — ORGANISATION

RECRUTEMENT — AVANCEMENT — ADMINISTRATION

INSTRUCTION ET DISCIPLINE

Par G. R.

CAPITAINE BREVETÉ DE CAVALERIE

AVEC 56 GRAVURES

BERGER-LEVRAULT ET Cie, LIBRAIRES-ÉDITEURS

Éditeurs de la « Revue de Cavalerie »

PARIS	NANCY
5, RUE DES BEAUX-ARTS	18, RUE DES GLACIS

1898

LA

CAVALERIE ITALIENNE

NANCY, IMPR. BERGER-LEVRAULT ET Cie.

LA
CAVALERIE ITALIENNE

HISTOIRE — ORGANISATION
RECRUTEMENT — AVANCEMENT — ADMINISTRATION
INSTRUCTION ET DISCIPLINE

Par G. R.

CAPITAINE BREVETÉ DE CAVALERIE

AVEC 56 GRAVURES

BERGER-LEVRAULT ET Cie, LIBRAIRES-ÉDITEURS
Éditeurs de la « Revue de Cavalerie »

PARIS | NANCY
5, RUE DES BEAUX-ARTS | 13, RUE DES GLACIS

1898

LA

CAVALERIE ITALIENNE

AVANT-PROPOS.

Lorsque nous parlons, entre camarades, de la lutte inévitable qui se prépare, quand nous demandons à l'avenir quels secrets il nous réserve, nous nous représentons par la pensée, se levant en armes, les peuples qu'a réveillés le mot magique de mobilisation. Dès la première heure, la cavalerie est en contact avec la cavalerie adverse, prête à engager avec elle un combat dont le terrain de l'exploration est le prix. La cavalerie, qui éclaire et couvre l'armée, tient tout d'abord la première place dans le domaine stratégique. Plus tard, dans la bataille, quand sonnera l'heure décisive, quand fantassins et artilleurs marcheront la main dans la main sur un objectif commun, nous nous plaisons à espérer que nos escadrons surgiront à leur tour, la lance en arrêt ou le sabre au poing, pour arracher à l'ennemi la victoire et rendre sa défaite irrémédiable. Car nous savons que la guerre commencera et finira par des coups de sabre.

Ces rêves et ces espérances, qui nous stimulent dans le labeur quotidien, sont interdits à nos camarades de la cavalerie italienne. Le jeune royaume est en effet séparé par de hautes montagnes de l'ennemi héréditaire de l'Est, et de l'adversaire qu'il s'est choisi dans l'Ouest. Ce n'est ni dans la vallée du Pô, ni sur les Alpes que seront jouées les destinées de l'Europe et, dans les luttes dont l'Italie sera le théâtre, la cavalerie opérant sur un terrain peu favorable à son action jouera forcément un rôle effacé aussi bien dans le domaine tactique que dans le domaine stratégique.

Cependant, la cavalerie italienne travaille avec ardeur à se perfectionner ; elle voit dans les cavaleries étrangères des rivales qu'il faut surpasser et réussit parfois à les devancer dans la voie du progrès. Quand des plages lointaines de l'Érythrée arrive la nouvelle d'un nouveau succès, les cavaliers applaudissent, non sans quelque jalousie, leurs camarades des autres armes, qui, plus heureux, ont vu l'ennemi : ils n'ont pas d'histoire et comptent bien sur la prochaine guerre pour s'en faire une.

Nous proposons à nos lecteurs d'étudier avec nous en détail l'organisation, la remonte, les règlements italiens. Il est intéressant de voir comment, se trouvant aux prises avec des difficultés d'ordre financier qui semblaient insurmontables, la jeune nation a su néanmoins créer une cavalerie avec laquelle il faut compter.

CHAPITRE Iᵉʳ.

ORGANISATION GÉNÉRALE.

Ministère de la guerre. — Inspection générale de la cavalerie. — Le commandement des brigades. — Le régiment. — Cavalerie indigène de l'rÉythrée. — Subdivisions d'armes. — Grades et emplois. — Uniformes et insignes des différents grades. — Emplacement des unités de cavalerie.

La charte octroyée au Piémont en 1848 par le roi Charles-Albert est devenue, lors de la formation du jeune royaume, la base de ses institutions politiques : la nation italienne tout entière consultée, sous forme de plébiscite, a approuvé cette loi, qui règle les droits et devoirs réciproques du pays et de ceux qui le gouvernent.

Le roi, chef de l'État, représente le pouvoir exécutif. Il conclut les traités de paix, *d'alliance* et de commerce. Ceux de ces traités qui auraient pour conséquence d'imposer au pays des charges financières ou de porter atteinte à l'intégrité du territoire, doivent être soumis à l'approbation des Chambres. Le Sénat et la Chambre des députés jouent le même rôle qu'en France.

Le Sénat se compose de membres *nommés par le roi* et choisis parmi les hauts dignitaires, *les officiers généraux des armées de terre et de mer*, et d'une façon générale toutes les personnes ayant, en raison de leur fortune ou des charges qu'ils ont remplies, une situation élevée dans le pays. Le nombre des sénateurs est indéterminé (ils sont actuellement 400).

Les députés sont au nombre de 508. *Les officiers en activité de service* exercent leurs droits d'électeurs. *Les officiers généraux ou supérieurs sont éligibles*, mais ne peuvent se présenter dans les districts électoraux où ils ont rempli les devoirs de leur grade pendant les six mois qui ont précédé l'élection.

L'administration centrale est exercée par onze ministères, sous la haute direction du roi.

Le ministre de la guerre est, après le roi, la première autorité militaire.

Le ministère comprend un cabinet, un secrétariat général et 5 directions. La direction générale de l'infanterie et de la cavalerie se compose elle-même de cinq bureaux dont voici les attributions : affaires générales, division de l'infanterie, division de la cavalerie, inspection des dépôts d'élevage des chevaux, inspection du service vétérinaire.

Les autres directions sont celles de l'artillerie, du génie, du recrutement et de l'administration.

Le secrétariat général traite toutes les questions concernant la mobilisation de l'armée, son instruction et d'une façon générale la préparation à la guerre.

La loi dite *dello statuto* règle encore les rapports des autorités civiles avec l'administration militaire : toutes les questions qui présentent une grande importance pour l'armée, telles que la nomination des généraux ou leur mise en disponibilité, sont discutées en conseil des ministres ; le Conseil d'État et la Cour des comptes contrôlent les dépenses du budget de la guerre ; les préfets ont le droit de réquérir la force armée ; les militaires sont justiciables dans bien des cas des tribunaux ordinaires.

L'armée se compose de l'armée active, la milice mobile et la milice territoriale. L'armée permanente mobilisée forme 12 corps d'armée et 3 divisions de cavalerie indépendante, la milice mobile 12 divisions d'infanterie.

Il n'y a de cavalerie que dans l'armée active. Toutefois, la milice mobile fournit en Sardaigne un escadron qui compte dans la milice de l'île.

La cavalerie comprend :

Une inspection générale de l'arme,

9 commandements de brigade,

24 régiments de cavalerie,

6 dépôts d'élevage.

Inspection générale de la cavalerie.

L'inspection générale comprend :

Un inspecteur général, du grade de lieutenant-général.

Un chef d'état-major, lieutenant-colonel ou major d'état-major.

Un capitaine d'état-major.

Un capitaine de cavalerie hors cadres.

2 secrétaires permanents.

L'inspecteur général de la cavalerie relève directement du ministre de la guerre. Il n'a pas de commandement direct, mais exerce une surveillance constante sur les brigades, les régiments et les écoles. Il seconde le ministre pour l'étude de toutes les questions concernant le personnel, le matériel et l'instruction de la cavalerie.

Il inspecte chaque régiment au moins tous les deux ans et opère par délégation du commandant de corps d'armée, ou encore par délégation directe du ministre.

Quand plusieurs régiments sont réunis pour des évolutions de division, il prend la haute direction des manœuvres.

Le ministre lui donne la présidence des commissions chargées d'étudier les questions intéressant la cavalerie.

La création de l'inspection générale de l'arme a eu pour objet d'imposer à tous les régiments *l'unité de doctrine*.

Le commandement des brigades.

La loi du 29 juin 1882 avait créé 2 commandements de division et 5 commandements de brigade.

Les commandements de division ont été supprimés depuis, parce qu'il semblait difficile de régler les relations d'une grosse unité telle qu'une division avec les autorités militaires territoriales. La division n'avait pas de raison d'être pendant la période d'instruction individuelle ; enfin c'était un rouage coûteux et le principe du général Boselli, *piu cavalli che quadri* (plus de chevaux que de cadres), était en faveur.

D'autre part, des rivalités auraient pu se produire entre l'inspecteur général de l'arme et les commandants de division ayant le même grade que lui ; il importait d'autant plus de placer la cavalerie sous la direction d'un chef unique, que les régiments avaient, en raison même de leur origine, des méthodes d'instruction et un esprit très différent.

Les régiments sont groupés en 9 brigades de 2, 3 ou 4 régiments (Voir l'appendice) placées sous les ordres d'un major général, ou d'un colonel.

12 régiments sont affectés à la cavalerie de corps; les autres doivent former trois divisions de cavalerie indépendante. Le service d'escorte est fait par les carabiniers royaux (gendarmes). Le roi a pour escorte un escadron de cent-gardes (cuirassiers) appartenant à l'arme des carabiniers royaux.

Le régiment.

Le régiment de cavalerie comprend : un état-major, six escadrons actifs et un dépôt. Il se divise en deux demi-régiments composés chacun de trois escadrons. Un officier supérieur exerce le commandement du demi-régiment : l'un des majors commande le premier, le lieutenant-colonel le second. L'autre major est rapporteur : il remplit les fonctions administratives attribuées au major dans les régiments français.

L'état-major du demi-régiment comprend, outre l'officier supérieur commandant, un adjudant-major en second (du grade de lieutenant), un fourrier-major (adjudant), un caporal-major et un caporal-trompette. Ce personnel compte administrativement à l'état-major du régiment.

L'escadron est divisé en quatre pelotons; si l'effectif en chevaux était inférieur à quatre-vingt-dix, on ne formerait que trois pelotons. Cette mesure n'est prise d'ailleurs qu'exceptionnellement.

Le plus ancien des lieutenants commande le premier peloton, le suivant commande le troisième peloton. Les chefs de peloton sont secondés par un sous-officier. Les sergents sont affectés aux divers pelotons sans qu'il soit tenu compte de leur ancienneté. Si le nombre des officiers subalternes et des sergents dépasse celui des pelotons, les officiers ou sous-officiers les moins anciens sont affectés au premier peloton.

Les premier et deuxième pelotons forment le demi-escadron de droite, le troisième et le quatrième le demi-escadron de gauche.

Le peloton se subdivise en deux escouades. Dans l'escadron, les escouades sont, ainsi que les pelotons, numérotées de la droite à la gauche.

Le fourrier et le caporal-fourrier comptent au premier peloton ainsi que les trompettes et élèves-trompettes, le sellier, les élèves-maréchaux ferrants, les élèves-selliers et les conducteurs.

Les caporaux-majors, les caporaux et les appointés sont répartis également entre les escouades. Les sapeurs sont répartis entre les pelotons. Enfin les cavaliers sont affectés en nombre égal aux pelotons et aux escouades ; on tient compte dans cette répartition de leur ancienneté, tout en évitant d'affecter à la même unité un trop grand nombre d'hommes de la même classe.

Si un chef de peloton s'absente, l'officier à la suite le remplace, ou à son défaut le fourrier ou le sergent le plus ancien.

Le peloton commandé par un sous-officier est toujours placé sous les ordres d'un autre chef de peloton délégué par le capitaine commandant.

Les sergents attachés aux pelotons sont de même remplacés, en cas d'absence, par des sergents surnuméraires ou par des caporaux-majors ; à défaut de caporaux-majors, le capitaine désigne un caporal capable, en évitant de le placer dans un peloton où se trouveraient des caporaux plus anciens que lui.

L'escouade est commandée par un caporal-major ou un caporal. Les chevaux marchent avec leurs cavaliers ; on a soin de les répartir entre les diverses subdivisions de manière que chacune d'elles ait une part proportionnelle des diverses remontes.

Le dépôt ne forme qu'un seul peloton, à moins que son effectif ne soit supérieur à 80 hommes et 40 chevaux. Au-dessus de ces chiffres, il se fractionne en deux, trois ou quatre pelotons.

Les officiers d'ordonnance et ceux qui sont détachés à l'école normale de cavalerie ou dans certains services en dehors des régiments sont répartis sur l'ensemble de l'arme ; ils comptent numériquement parmi les quatre lieutenants ou sous-lieutenants affectés au dépôt de chaque régiment.

Le tableau ci-après donne la composition numérique et par grades d'un régiment de cavalerie.

TABLEAU A.

Composition numérique et par grades d'un régiment de cavalerie.

GRADES.	ÉTAT-MA-JOR.	ESCADRONS.	DÉPÔT.	TOTAL du régiment.
Officiers.				
Colonel	1	»	»	1
Lieutenant-colonel	1	»	»	1
Majors	2	»	»	2
Capitaines (adjudants-majors en 1er et commandants d'escadrons)	1	6	1	8
Lieutenants et sous-lieutenants adjudants-majors en 2e et officiers d'escadron	2	18	4	24
Capitaine médecin	1	»	»	1
Lieutenant ou sous-lieutenant médecin	1	»	»	1
Capitaine vétérinaire	1	»	»	1
Lieutenant ou sous-lieutenant vétérinaires	2	»	»	2
Capitaines comptables	»	»	2	2
Lieutenant ou sous-lieutenants comptable	»	»	2	2
Totaux	12	24	9	45
Troupe.				
Fourriers-majors	3	»	»	3
Fourriers (d'escadron et de comptabilité)	»	6	2	8
Sous-officiers de majorité	3	»	»	3
Sous-officier-trompette	1	»	»	1
Sous-officier-sapeur	1	»	»	1
Chef armurier	1	»	»	1
Sergents d'escadron et de comptabilité	»	24	8	32
Caporaux-majors	3	12	»	15
Caporaux-fourriers d'escadron et de comptabilité	»	6	6	12
Caporaux-trompettes	2	»	»	2
Caporaux-sapeurs	»	6	»	6
Caporaux de majorité et d'escadron	2	48	4	54
Caporaux ferrants	»	6	»	6
Appointés (soldats de 1re classe)	»	72	»	72
Trompettes	»	24	2	26
Sapeurs	»	48	»	48
Selliers	»	6	»	6
Cantiniers	1	»	»	1
Cavaliers	3	732	50	785
Totaux	20	990	72	1,082
Chevaux de troupe	18	870	»	888

La cavalerie a un effectif de 22,000 sabres, soit 150 sabres par escadron.

TABLEAU B.

Situation des officiers de cavalerie d'après l'annuaire de 1893.

	COLO-NELS.	LIEUTE-NANTS-COLO-NELS.	MAJORS.	CAPI-TAINES.	LIEUTE-NANTS.	SOUS-LIEUTE-NANTS.	TOTAL.
Officiers de carrière . .	21	33	62	262	431	230	1,039
Officiers en position de service auxiliaire. . .	13	12	8	35	5	1	74
Officiers de complément de l'armée permanente.	»	»	»	»	85	165	250
Officiers de la milice mobile	»	»	»	44	178	76	298
Officiers de la milice territoriale.	»	1	2	2	8	20	33
Officiers de réserve. . .	14	14	53	70	51	20	222

Cavalerie indigène de l'Érythrée.

Il est nécessaire de mentionner l'escadron d'explorateurs, qui entre dans la composition du corps d'occupation de l'Érythrée.

Cet escadron est formé en majeure partie d'éléments indigènes encadrés par des officiers et des sous-officiers italiens. Les indigènes peuvent obtenir le grade de Boulouk-Bachi (sous-officier) et même celui de Ius-Bachi (officier).

Cet escadron, créé par décret du 30 juin 1889, servira sans doute de noyau à de nouvelles formations, que les progrès de l'Italie en Abyssinie rendront nécessaires dans un avenir très prochain.

Un lieutenant vétérinaire a, de son initiative privée, organisé un dépôt d'étalons, dans le but de régénérer les races indigènes. De grands progrès seront certainement réalisés dans cette voie sans beaucoup de frais.

L'escadron indigène, après avoir éclairé la marche de Massoua sur Agordat, a reçu le baptême du feu au combat du 20 décembre 1893. Il semble qu'il ait avantageusement remplacé les bachi-bouzouks, mal dirigés par leurs chefs indigènes, qui laissèrent surprendre la colonne de Cristoforis à Dogali.

Subdivisions d'armes.

A la constitution du royaume d'Italie, en 1860, la cavalerie comprenait 17 régiments. Les corps piémontais portaient les noms suivants : Nizza, Savoia, Piemonte Reale, Genova, Novara, Aosta, Milano, Montebello, Vittorio Emanuele, Saluzzo (celui-ci était passé de la Lombardie au Piémont en 1849), Monferrato, Alessandria, Lodi et les Guides.

Les quatre premiers formaient la subdivision d'armes des cuirassiers, les autres étaient appelés chevau-légers.

La Toscane fournit deux régiments de chevau-légers, Firenze et Lucca. Les hussards de Plaisance vinrent de l'Émilie.

Les dix premiers régiments et le régiment de Florence furent, lors de la réorganisation de 1860, classés dans la subdivision d'armes des lanciers et le reste forma la cavalerie légère.

En 1864, deux nouveaux corps furent créés : les lanciers de Foggia et les chevau-légers de Caserte. En 1871, Foggia passe à la cavalerie légère en même temps que le nom de Rome est donné à un nouveau régiment.

En 1882, la cavalerie s'accroît de deux unités, Padova et Catania. Enfin, en 1887, le nombre des régiments est porté à 24 par la création de deux nouveaux corps, Umberto I° et Vicenza.

Les régiments italiens ont, outre leur nom, un numéro pris dans une série unique de 1 à 24. Ils se répartissent en :

4 régiments de lanciers lourds (n°ˢ 1-4) ;

6 régiments de lanciers légers (n°ˢ 5 à 10) ;

14 régiments de chevau-légers (n°ˢ 11 à 24).

Les lanciers sont armés de la lance, de la carabine et du sabre, les chevau-légers ont la carabine et le sabre.

Avant 1859 la grosse cavalerie était en faveur. Après l'adoption des canons rayés, une réaction se produisit ; on songea à ramener tous les régiments à un type unique : les *cavallegieri*. Mais ces idées ne purent prévaloir ; on donna la cuirasse aux 4 régiments Nizza, Piemonte Reale, Savoia et Genova.

En 1866, les Italiens entrent en campagne avec 11 régiments de lanciers et 8 de chevau-légers.

Enfin, aujourd'hui, la cavalerie légère entre encore dans la composition de la cavalerie italienne pour une proportion plus faible que dans les cavaleries étrangères. Les futures créations, qui ne seront pas réalisées de longtemps en raison de la situation précaire des finances italiennes, auront sans doute pour effet de rétablir l'équilibre entre la cavalerie légère et les lanciers.

Tout le monde s'accorde en Italie pour reconnaître que l'organisation actuelle est défectueuse. Le régiment à six escadrons est peu maniable. Les corps d'armée italiens n'ont pas autant de cavalerie que dans les autres armées. En augmentant seulement de 16 escadrons l'effectif de la cavalerie et en ramenant le régiment à 4 escadrons et un dépôt, on aurait en tout 40 régiments. Cette mesure permettrait une répartition plus rationnelle de la cavalerie : le corps d'armée aurait comme en France 2 régiments ; 16 régiments seraient affectés à la cavalerie indépendante, qui compterait alors 64 escadrons au lieu de 54.

Malheureusement, cette organisation aurait pour résultat un accroissement de dépenses : les cadres de la cavalerie devraient être augmentés, en même temps que l'effectif de l'arme serait accru de 2,400 chevaux. La réalisation de ce projet est donc ajournée.

Néanmoins, si l'Italie se voit forcée de réduire ses dépenses militaires, elle ne réalisera pas d'économies au détriment de la cavalerie, dont l'effectif serait encore trop faible, même si le nombre des corps d'armée était ramené à dix. Les gouvernants ont vu avec raison dans l'élevage du cheval une source de prospérité pour le pays ; en diminuant l'effectif de la cavalerie, ils porteraient à l'élevage national renaissant un préjudice considérable et accroîtraient le malaise momentané dont souffre le pays.

Grades et emplois.

La progression des grades est la suivante :

Officiers généraux. — Général d'armée ; lieutenant-général ; major général, major général médecin ; major général commissaire.

Le grade de général d'armée correspond à notre maréchalat ; le lieutenant général a les mêmes attributions que le général de division en France. Le major général est général de brigade.

Officiers supérieurs. — Colonel, colonel médecin, colonel commissaire, colonel comptable, colonel vétérinaire ;

Lieutenant-colonel, lieutenant-colonel médecin, lieutenant-colonel comptable, etc. Major, major médecin, etc.

Officiers inférieurs. — Les officiers inférieurs sont les capitaines, les capitaines médecins, etc.

Officiers subalternes. — Lieutenants et sous-lieutenants. On voit qu'en Italie les titulaires d'un emploi ou d'une fonction militaire n'ont pas, comme en France et dans la plupart des pays, l'assimilation aux grades de l'armée avec une hiérarchie particulière ; ils ont le grade et ses insignes. Il est à remarquer que les hauts fonctionnaires du commissariat et du service de santé ne peuvent dépasser le grade de major général, et que les vétérinaires peuvent aspirer au grade de colonel.

Sous-officiers. — Chef de musique (de 1re et de 2e classe) ; maréchal des logis des carabiniers royaux (3 degrés : maréchal des logis major, maréchal des logis chef, maréchal des logis).

Fourrier-major (correspondant à notre grade d'adjudant).

Fourrier, brigadier des carabiniers royaux (correspondant au grade français de maréchal des logis chef).

Sergent, vice-brigadier des carabiniers royaux.

Caporaux. — Caporal-major ; appointé (*appuntato*) des carabiniers royaux.

Caporal, carabinier.

Soldats. — Appointé (cavalier de 1re classe), cavalier, élève-carabinier.

Les employés civils, attachés au ministère et aux établissements militaires sont, d'après leur classe, assimilés aux officiers de l'armée. Mais cette assimilation ne leur confère aucun droit : elle a simplement pour objet de leur donner une place dans l'ordre des préséances, en vue des cérémonies publiques.

Drapeau.

Le drapeau italien est vert, blanc et rouge. Les couleurs sont disposées par bandes égales et parallèles à la hampe, le vert contre la hampe, le rouge à l'extérieur. La bande blanche porte au centre les armes de la maison de Savoie surmontées d'une couronne.

La hampe se termine par une pointe dorée.

Un décret du 2 septembre 1871 a retiré les étendards aux régiments de cavalerie. Les motifs de cette suppression sont intéressants à connaître.

Dans un régiment attaché au corps d'armée, a-t-on dit, le colonel ne dispose que de six escadrons, qui seront souvent dispersés. Il devrait, s'il avait un étendard, immobiliser en tout temps au moins un escadron pour le garder.

Il est enfin possible que, par un hasard fâcheux, un régiment qui s'est couvert de gloire dans une charge, qui a même remporté un succès, perde son étendard. Il suffit pour cela que l'étendard, enlevé par surprise dans la mêlée, soit emporté par un groupe de cavaliers en fuite.

Uniformes et insignes des différents grades.

Tous les régiments ont la tunique-vareuse, bleu foncé, à deux rangs de boutons pour les officiers, un seul rang pour la troupe, à collet rabattu, à bourrelets d'épaule.

Une étoile blanche, signe distinctif de l'armée active, est fixée aux deux angles du collet.

Les boutons et passepoils sont blancs. Le manteau est gris bleuté, le pantalon gris cendré avec doubles bandes. La troupe porte des houzeaux en cuir et des souliers avec des éperons à la chevalière. Le fourniment est blanc. Les quatre premiers régiments portent un casque en métal blanc avec bandeau noir et cimier jaune. Les autres ont un talpak noir avec l'étoile blanche, sur laquelle est timbré le numéro du régiment, et un plumet droit noir.

Attributs de coiffure. — Les lanciers ont deux lances croisées et les chevau-légers un cor de chasse fixés à la partie antérieure du talpak.

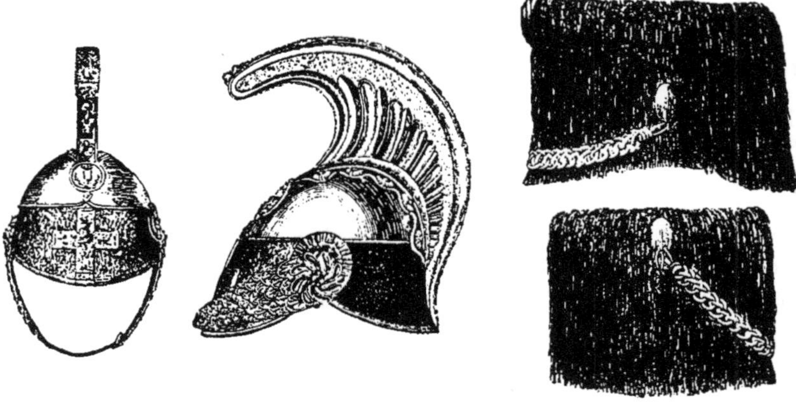

Casque des 4 premiers régiments.
(Lanciers lourds.)

Talpak (colbacco) pour lanciers
et chevau-légers.

En campagne, le talpak est recouvert d'un manchon blanc. Les

Attribut de coiffure des lanciers.

Attribut de coiffure des chevau-légers.

officiers et la troupe portent également un képi en drap bleu foncé. Les régiments se distinguent par la couleur du collet ou des écussons de collet, les parements, les passepoils et les bandes de pantalons. Les officiers généraux portent une tunique à pans longs bleu foncé, à deux rangs de boutons blancs, garnie au collet et aux parements des manches de broderies d'argent dans lesquelles sont entremêlés de petits galons au nombre de 3 pour les généraux d'armée, 2 pour les lieutenants-généraux, 1 pour les généraux-majors.

Insignes de grade des généraux.

Attribut du képi des généraux.

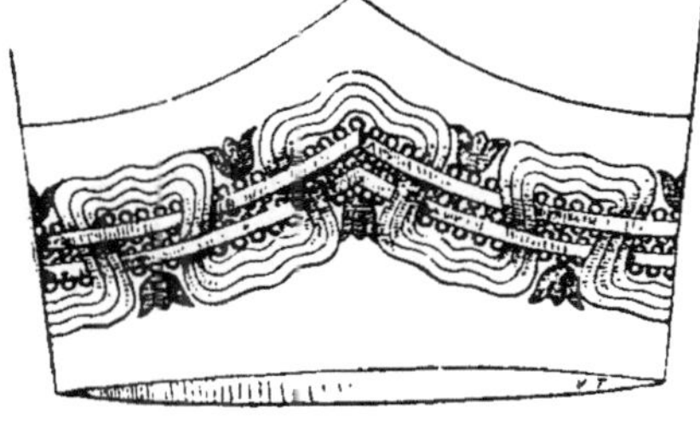

Parement du général-major.

Les étoiles du collet sont en or. Manteau bleu clair ; pantalon gris cendré à bande d'argent ; casque noir avec étoile jaune à rayons

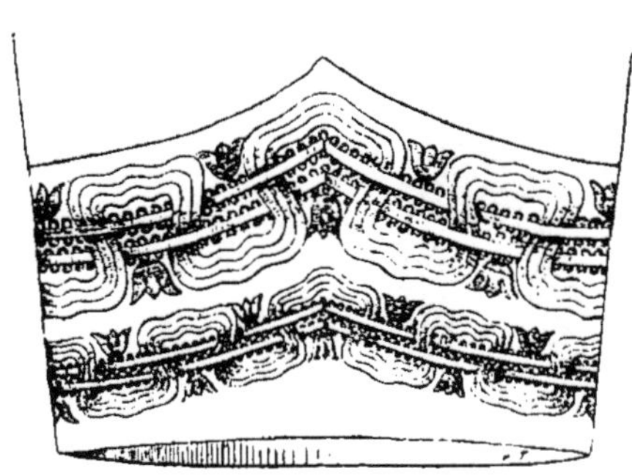

Parement du lieutenant-général.

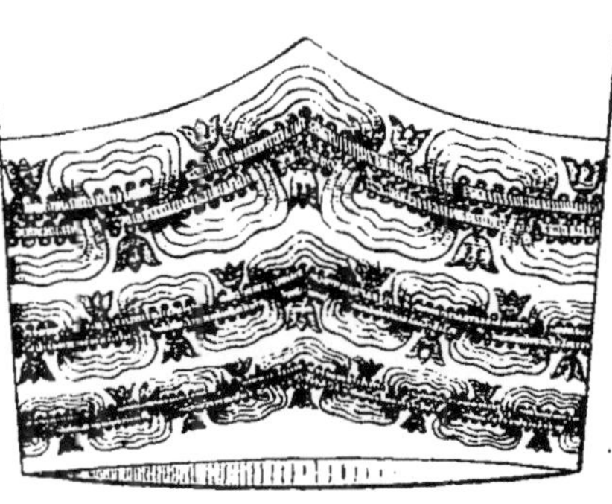

Parement du général d'armée.

blancs sur le devant et cimier en cuivre doré en forme d'aigle aux ailes déployées.

En grande tenue, les généraux portent des épaulettes à grosses torsades, des aiguillettes d'argent. Enfin, leur casque est orné d'un panache retombant blanc et d'une aigrette droite également blanche.

Casque des officiers généraux (grande tenue).

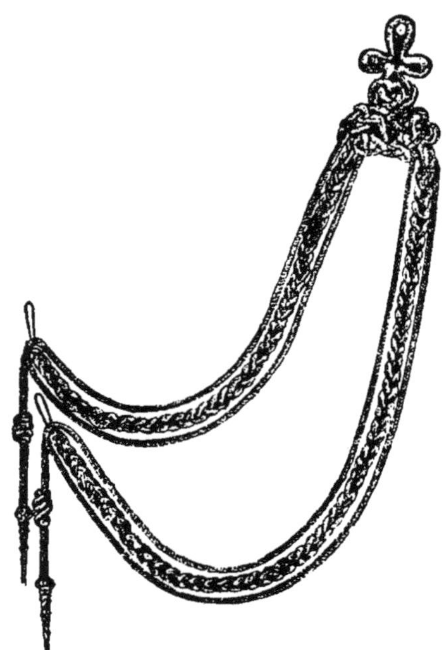

Aiguillettes des officiers généraux.

Ils ont la selle anglaise avec fontes. La bride, la croupière, la
fausse martingale, le poitrail sont en cuir noir, les boucles et ardil-
lons sont en argent. Le tapis de selle écarlate porte dans l'angle

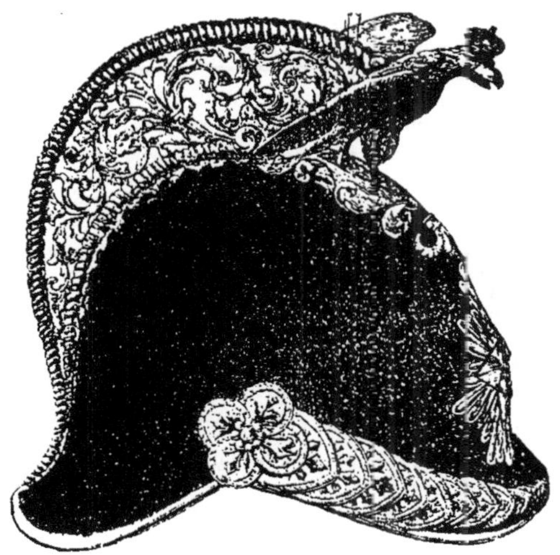

Casque des généraux.

postérieur un U, initiale du nom du souverain (Umberto), surmonté
d'une couronne. Les armes de Savoie figurent sur les fontes. Le
poitrail porte un ornement représentant une grenade entourée de
huit faisceaux de rayons.

Tenue des officiers. — Le tableau ci-après indique les différences existant pour la tenue des officiers entre les 24 régiments.

TABLEAU.

2

Distinction entre les différents régiments (tenue des officiers).

RÉGIMENTS.	COL.	PAREMENTS.	ÉCUSSONS (du collet portant l'étoile).	COULEUR DES BANDES du passepoil, de la varouse et du képi.
Nizza (1)	Drap cramoisi.	Drap cramoisi.	Pas d'écussons.	Drap cramoisi.
Piemonte Reale (2).	Drap rouge écarlate.	Drap rouge écarlate.	Pas d'écussons.	Drap rouge écarlate.
Savoia (3).	Velours noir avec passepoil de drap rouge écarlate.	Velours noir avec passepoil de drap rouge écarlate.	Pas d'écussons.	Drap rouge écarlate.
Genova (4)	Drap jaune.	Drap jaune.	Pas d'écussons.	Drap jaune.
Novara (5)	Drap blanc.	Velours noir avec passepoil en drap blanc.	Pas d'écussons.	Drap blanc.
Aosta (6)	Drap rouge écarlate.	Velours noir avec passepoil de drap écarlate.	Pas d'écussons.	Drap rouge écarlate.
Milano (7)	Drap cramoisi.	Velours noir avec passepoil de drap cramoisi.	Pas d'écussons.	Drap cramoisi.
Montebello (8). . .	Drap vert avec passepoil de drap rouge écarlate.	Drap vert avec passepoil de drap rouge écarlate.	Pas d'écussons.	Drap rouge écarlate.
Firenze (9)	Drap orangé.	Velours noir avec passepoil de drap orangé.	Pas d'écussons.	Drap orangé.
Vittorio Emmanuele (10)	Drap jaune.	Velours noir avec passepoil de drap jaune.	Pas d'écussons.	Drap jaune.
Foggia (11)	Drap rouge écarlate.	Drap rouge écarlate.	Velours noir.	Drap rouge écarlate.
Saluzzo (12). . . .	Velours noir.	Velours noir avec passepoil de drap jaune.	Drap jaune.	Drap jaune.
Monferrato (13) . .	Velours noir.	Velours noir avec passepoil de drap cramoisi.	Drap cramoisi.	Drap cramoisi.
Alessandria (14) . .	Velours noir.	Velours noir avec passepoil de drap orangé.	Drap orange.	Drap orange.
Lodi (15)	Drap rouge écarlate.	Velours noir avec passepoil de drap rouge écarlate.	Velours noir.	Drap rouge écarlate.

RÉGIMENTS.	COL.	PAREMENTS.	ÉCUSSONS (du collet portant l'étoile).	COULEUR DES BANDES du passepoil, de la vareuse et du képi.
Lucca (16)	Drap blanc.	Velours noir avec passepoil de drap blanc.	Velours noir.	Drap blanc.
Caserta (17)	Velours noir.	Velours noir avec passepoil de drap rouge écarlate.	Drap rouge écarlate.	Drap rouge écarlate.
Piacenza (18)	Velours noir avec passepoil de drap rouge écarlate.	Velours noir avec passepoil de drap rouge écarlate.	Drap vert.	Drap rouge écarlate.
Guides (19)	Drap bleu.	Drap bleu avec passepoil de drap blanc.	Drap blanc.	Drap blanc.
Roma (20)	Velours noir.	Velours noir avec passepoil de drap blanc.	Drap blanc.	Drap blanc.
Padova (21)	Drap cramoisi.	Velours noir avec passepoil cramoisi.	Velours noir.	Drap cramoisi.
Catania (22)	Drap orange.	Velours noir avec passepoil de drap orange.	Velours noir.	Drap orange.
Umberto Iᵒ (23) . .	Drap blanc.	Drap blanc avec passepoil de drap bleu.	Drap bleu.	Drap blanc.
Vicenza (24)	Drap blanc.	Drap blanc avec passepoil de drap rouge écarlate.	Drap rouge écarlate.	Drap blanc.
Dépôt d'élevage de chevaux . . . . . Dépôt d'étalons . .	Drap orange.	Drap orange.	Pas d'écussons.	Drap orange.

Les insignes des différents grades sont les suivants :

Sergent, un galon large et un galon étroit en métal. Ce dernier est continué par une soutache en laine rouge formant nœud hongrois et montant vers le coude.

Fourrier, un galon large et deux petits galons, le dernier terminé par un nœud hongrois en laine rouge.

Fourrier-major, un galon large et trois petits galons.

Sous-lieutenant, un petit galon.

Lieutenant, deux petits galons.

Capitaine de cavalerie (lanciers).

Capitaine, trois petits galons.
Major, un galon large et un petit galon.

Selle d'officier de cavalerie.

Lieutenant-colonel, un galon large et deux petits galons.

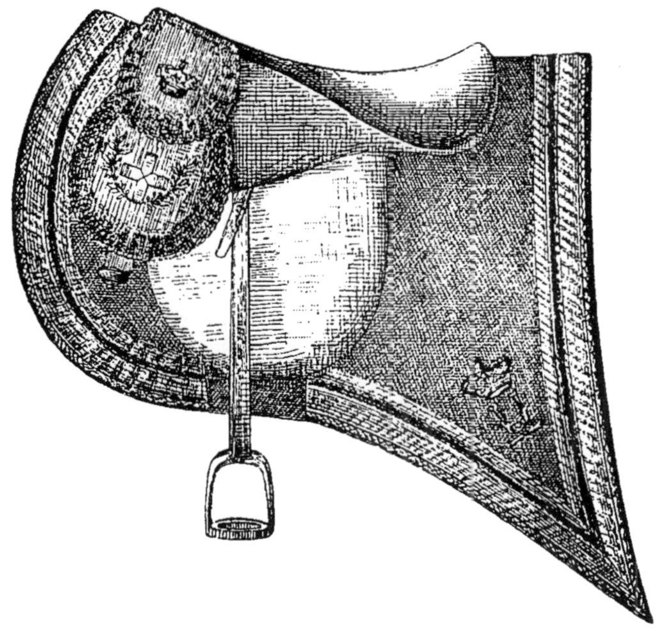

Selle des officiers généraux.

Colonel, un galon large et trois petits galons.
Pour les officiers le petit galon du haut forme nœud hongrois.

La selle d'ordonnance des officiers de cavalerie se rapproche comme de notre selle anglaise. Elle est recouverte d'une housse (*gualdrappa*) en drap vert foncé portant à la partie postérieure un U surmonté d'une couronne. Elle est munie de trois sangles en fil. Les accessoires sont les sacoches et le bissac dont le modèle est à peu près le même que chez nous.

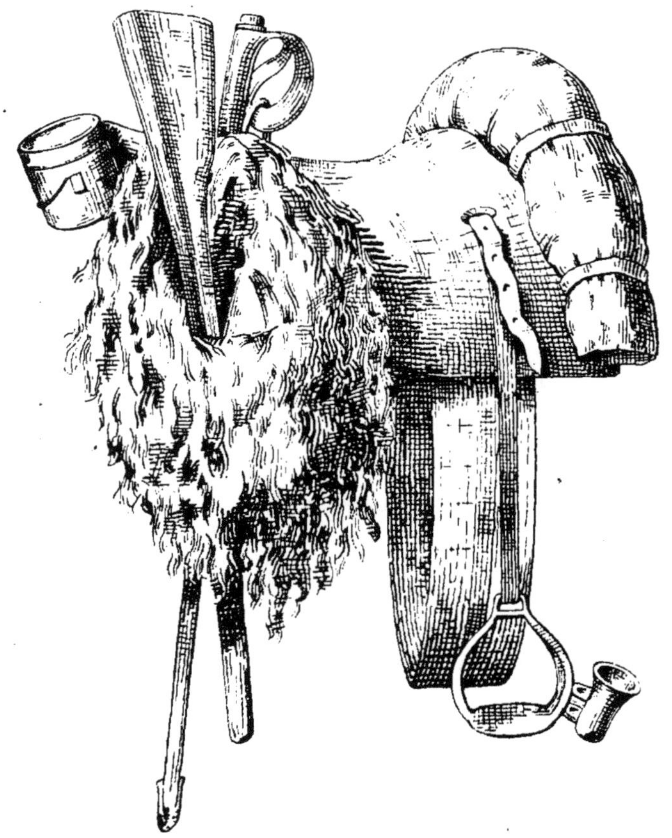

Selle de troupe paquetée.

La selle de troupe est exceptionnellement solide. Elle ne blesse, paraît-il, que très rarement le cheval, mais elle présente un grave inconvénient : c'est la plus lourde de toutes les selles en service dans les différentes armées européennes. Voici d'ailleurs sa description :

L'arçon, l'arcade antérieure et l'arcade postérieure sont en fer, deux bandes portent des contre-sanglons et supports d'étrier. Le siège est en cuir. La sangle est en corde. Un passant porte-sabre est fixé à l'arcade postérieure. Un tapis en cuir rembourré (*cuscinetto sotto banda*) préserve le dos du cheval du contact immédiat avec la selle, qui est elle-même couverte d'une housse (*cuscino da sella*). La bride d'ordonnance présente beaucoup d'analogie avec la nôtre. Le mors est très doux.

Une botte de carabine (*porta-moschetto*) est fixée à la partie postérieure droite de la selle. Les autres accessoires sont les sacoches, le bissac, le sac à avoine, la botte de lance.

Emplacements des unités de cavalerie.

Nous indiquons dans le tableau ci-après (page 26) l'emplacement des régiments de cavalerie en faisant ressortir pour chacun d'eux le nombre d'escadrons détachés. On remarquera que trois régiments seulement ont tous leurs escadrons réunis dans la même garnison. L'insuffisance des ressources en casernement n'a pas permis jusqu'ici de répartir la cavalerie d'une façon plus rationnelle et la situation obérée des finances italiennes ne permettra pas de remédier avant longtemps à cette fâcheuse situation.

Les régiments sont presque tous stationnés dans le Piémont, la Lombardie, la Vénétie, l'Émilie. Il a semblé indispensable de les rapprocher le plus possible des frontières. Or, on ne trouve dans les environs de la plupart des garnisons qu'un terrain médiocre, coupé de nombreux obstacles, alors que trois escadrons à peine parcourent la Campagne romaine, le plus beau terrain de cavalerie qui existe en Europe ! Un grand nombre de corps ne peuvent exécuter l'école de régiment avant les réunions annuelles qui ont lieu dans les immenses prairies de Pordenone, dans les landes de Somma ou encore sur le terrain de manœuvres de Capoue.

L'école d'application de cavalerie est installée à Pignerol, au pied des Alpes, dans une contrée où il est au moins difficile de pratiquer l'équitation d'extérieur.

On voit par ce qui précède que la cavalerie italienne se trouve actuellement dans des conditions très défavorables pour l'instruction. Mais une réaction semble devoir se produire ; partout les régiments réclament des garnisons mieux situées avec des terrains sur lesquels il soit possible de galoper en troupe. Aussi, lors de la création récente du cours complémentaire d'équitation, a-t-on installé la nouvelle école qui a pour objet de développer chez les officiers le goût du sport et de l'équitation d'extérieur, non à Pignerol, mais à Tor di Quinto, en pleine campagne romaine.

EMPLACEMENTS DES CORPS DE LA CAVALERIE ITALIENNE
au 1ᵉʳ mars 1894.

BRIGADES DE CAVALERIE.

NUMÉROS DES BRIGADES.	RÉGIMENTS QUI LES COMPOSENT.	SIÈGE DES BRIGADES.
1ʳᵉ	Piemonte Reale (2ᵉ). . . . . Roma (20ᵉ).	Turin.
2ᵉ	Vittorio Emanuele (10ᵉ). . Saluzzo (12ᵉ) . . . . Caserta (17ᵉ)	Alexandrie.
3ᵉ	Nizza (1ᵉʳ) . . . . Firenze (9ᵉ). . . . . . . Piacenza (18ᵉ). . . . . . Vicenza (24ᵉ).	Milan.
4ᵉ	Genova (4ᵉ). . . . . . . Lucca (16ᵉ).	Vérone.
5ᵉ	Savoia (3ᵉ). . . . . . . Lodi (15ᵉ)	Padoue.
6ᵉ	Aosta (6). . . . . Alessandria (14ᵉ). . . . . Umberto I° (23ᵉ).	Bologne.
7ᵉ	Montebello (8ᵉ) . . . . . Foggia (11ᵉ). . . . . . . Catania (22ᵉ).	Florence.
8ᵉ	Novara (5ᵉ). . . . . . . Monferrato (13ᵉ). . . . . Padova (21ᵉ).	Caserte.
9ᵉ	Milano (7ᵉ). . . . . . . Guides (19ᵉ)	Naples.

TABLEAU

d'emplacements des régiments de la cavalerie italienne.

RÉGIMENTS.	ÉTAT-MAJOR ET DÉPÔT.	ESCADRONS DÉTACHÉS.
Nizza (1er)	Brescia	3e Bergame.
Piemonte Reale (2e)	Turin	3e 4e } Novare.
Savoia (3e)	Padoue	2e Montagnana. 4e Cittadella.
Genova (4e)	Vicence	1er 3e } Mantoue.
Novara (5e)	S. Maria	»
Aosta (6e)	Parme	5e 6e } Plaisance.
Milano (7e)	Nola	3e Foggia.
Montebello (8e)	Florence	3e Sienne. 6e Arezzo.
Firenze (9e)	Milan	»
Vittorio Emanuele (10e)	Saluces	4e 6e } Asti.
Foggia (11e)	Rome	1er Perouse. 5e Terni.
Saluzzo (12e)	Voghera	1er Alexandrie.
Monferrato (13e)	Caserte	1er Chieti.
Alessandria (14e)	Faenza	4e 5e 6e } Sinigaglia.
Lodi (15e)	Udine	1er Castelfranco. 2e Trévise. 3e Sacile.
Lucca (16e)	Verone	1er Vicence.
Caserta (17e)	Savigliano	3e Coni. 4e Fossano.
Piacenza (18e)	Milan	3e 4e } Gallarate.
Guides (19e)	Naples	5e 6e } Palerme.
Roma (20e)	Verceil	»
Padova (21e)	Aversa	3e 4e } Nocera.
Catania (22e)	Luques	5e Livourne.
Umberto Io (23e)	Bologne	3e Modène. 4e Cesena.
Vicenza (24e)	Lodi	1er Crema. 2e Crema.

CHAPITRE II.

RECRUTEMENT ET MOBILISATION.

———

Le recrutement dans la cavalerie. — La mobilisation. — Mobilisation de la cavalerie.

Le service militaire est, en Italie, personnel et obligatoire.

Les hommes valides sont liés au service depuis le 1er janvier de l'année où ils ont eu 21 ans révolus jusqu'au 31 décembre de l'année pendant laquelle ils atteignent 41 ans [1]. Les classes sont désignées par le millésime de l'année de la naissance des hommes qui leur appartiennent.

La population du royaume s'élève au chiffre de 30 millions d'habitants ; le contingent annuel est de 300,000 jeunes gens environ, soit 1 p. 100 de la population. Il faut défalquer de ce chiffre les sujets qui n'ont pas l'aptitude physique requise pour le métier des armes, les gens exclus de l'armée en raison des condamnations infamantes qu'ils ont encourues, et les insoumis, soit 50 p. 100 du total.

150,000 jeunes gens seulement sont chaque année susceptibles d'être incorporés dans l'armée. L'Italie dispose par suite de 21 classes qui, malgré les pertes provenant de causes de toute nature, notamment de l'émigration, donnent encore un effectif total de 3 millions de combattants.

Ceux-ci sont affectés, d'après leur âge, à l'armée de première ligne ou armée permanente, à l'armée de deuxième ligne ou milice mobile, à l'armée de troisième ligne ou milice territoriale.

L'armée de première ligne est destinée à supporter l'effort prin-

———

1. La durée du service était primitivement de 19 années, de 21 ans à 39 ans révolus. La loi du 28 juin sur l'organisation de l'armée a prolongé de deux ans cette durée.

cipal de la guerre, c'est elle qui envahira la première le sol ennemi ou luttera en rase campagne sur le territoire national. Elle se compose des éléments les plus jeunes et les mieux instruits.

La milice mobile seconde l'armée permanente, est chargée d'assurer ses communications avec l'arrière, défend les places fortes, organise les lignes d'étapes, etc. Elle comprend les hommes instruits éliminés par leur âge des rangs de l'armée permanente.

La milice territoriale est chargée du maintien de l'ordre dans l'intérieur du royaume ; elle peut, le cas échéant, prêter son concours à l'armée permanente et à la milice mobile ; c'est la dernière ressource de l'État dans une guerre malheureuse. Elle compte dans ses rangs des hommes instruits, mais âgés, ou des jeunes gens n'ayant reçu qu'une éducation militaire très sommaire.

Les ressources financières de l'Italie ne permettent pas d'incorporer la totalité des hommes disponibles de la classe la plus jeune. L'effectif budgétaire est de 220,000 hommes environ. 70,000 à 80,000 jeunes gens seulement sur 150,000 peuvent recevoir une instruction militaire complète en accomplissant 3 années de service. Les dispenses à titre de soutien de famille sont par suite accordées dans une très large mesure : 40,000 jeunes gens (environ 30 p. 100 de l'effectif disponible) en profitent. Ils sont dispensés de tout service dans l'armée permanente et la milice mobile et comptent pendant 21 années dans la milice territoriale. Ce sont les hommes de la 3ᵉ catégorie.

Le contingent étant ramené à 110,000 hommes, il faut encore défalquer de ce chiffre 30,000 à 40,000 jeunes gens, dits de 2ᵉ catégorie, qui recevront une instruction suffisante pour pouvoir servir de troupes de complément à l'armée permanente ou à la milice territoriale. Enfin, 80,000 hommes, incorporés pendant 3 ans, seront complètement instruits. Les conscrits sont affectés à la 1ʳᵉ ou à la 2ᵉ catégorie par tirage au sort.

Les hommes de la 1ʳᵉ catégorie font 3 ans dans l'armée active et sont renvoyés en congé illimité pendant 6 ans. Ils passent alors dans la milice mobile, y restent 6 ans et sont affectés ensuite à la milice territoriale pendant 6 ans.

Les hommes de la 2e catégorie font seulement 6 mois de service actif, mais comptent pendant 9 ans dans les rangs de l'armée active. Ils font 6 ans dans la milice mobile et 6 ans dans la milice territoriale.

Nous n'entrerons pas dans le détail des opérations du recensement et du tirage au sort qui ont lieu à peu près comme en France. Un conseil de révision (consiglio di leva), opérant dans chaque circonscription, désigne les jeunes gens qui, en raison de leur aptitude physique, doivent être inscrits sur les contrôles de l'armée.

Il examine les titres des conscrits qui demandent à être classés dans la 3e catégorie comme soutiens de famille et affecte définitivement les jeunes gens aux deux premières catégories d'après leur numéro de tirage au sort.

Un décret fixe le contingent qui doit être fourni par chaque circonscription. Les jeunes gens inscrits dans les 1re et 2e catégories sont alors enrôlés.

Le commandant de district, qui a à peu près les mêmes attributions que notre commandant de recrutement, procède à la répartition du contingent entre les corps des différentes armes qui sont du ressort de son district. Les régiments reçoivent des recrues provenant de toutes les parties du royaume ; l'unité existe en Italie au point de vue administratif et politique, mais les provinces réunies sous le sceptre de la maison de Savoie n'ont pas d'intérêts communs, ne parlent pas le même dialecte. Il a donc fallu renoncer au recrutement régional, malgré les avantages qu'il offre pour la mobilisation. On réunit au régiment des hommes de toutes les provinces. La fusion qu'on obtient par là est assurément un acheminement vers l'unité qui est loin encore d'être entièrement réalisée.

On doit tenir compte, pour l'affectation des jeunes soldats aux différentes armes, de leur aptitude physique, de leur profession et de leur degré d'instruction.

Les jeunes gens classés en 1re catégorie font, selon le cas, 5 ans, 4 ans, 3 ans, 2 ans ou 1 an de service.

Les sous-officiers de toutes armes, les élèves-sergents, les carabiniers, les chefs armuriers, les maréchaux, les musiciens, les cantiniers, les employés des pénitenciers militaires, les cavaliers des dépôts d'étalons et les militaires libérés, qui veulent reprendre du service, doivent contracter un engagement.

Les hommes du contingent affectés à la cavalerie sont liés au service pour 4 ans.

Les autres inscrits font 3 ans. Enfin, quand le contingent dépasse l'effectif que le budget permet d'incorporer, les hommes en surnombre sont renvoyés pendant leur deuxième année de service.

Les jeunes gens ayant 17 ans accomplis, qui ont suivi avec succès tous les cours des écoles élémentaires supérieures, sont admis à s'engager pour un an dans l'arme ou le service de leur choix.

Ils doivent, au préalable, remplir certaines conditions d'instruction, avoir fréquenté pendant un an au moins l'un des stands du tir national, s'il y en avait un dans la localité où ils résidaient. Ils ont en outre à verser au Trésor une somme de 2,000 fr. au plus dans la cavalerie et 1,500 fr. dans les autres armes.

Les volontaires d'un an sont formés en pelotons d'instruction, qui sont la pépinière des officiers de réserve.

Les sous-officiers et les employés de certaines catégories sont admis à contracter des rengagements d'un an sans prime ou de 3 ans avec prime.

Le tableau ci-après fait ressortir, en les résumant, les dispositions essentielles du système de recrutement.

			NOMBRE d'années de service.				
Première catégorie .	Armée permanente .	sous les armes . . .	5	4	3	2	1
		en congé illimité . .	4	5	6	7	8
	Milice mobile.	6	6	6	6	6
	Milice territoriale.	6	»	»	»	»
Deuxième catégorie.	Armée permanente.	9 ans.				
	Milice mobile	6 —				
	Milice territoriale	6 —				
Troisième catégorie.	Milice territoriale	21 ans.				

La loi du recrutement a subi depuis quelques années des modifications importantes. Une loi, en date du 10 avril 1892, donnait au ministre de la guerre toute latitude pour fixer le chiffre des hommes de la classe à incorporer (1872), qui seraient libérés après leur deuxième année de service. Le général Pelloux s'est servi de cette disposition pour supprimer presque complètement la 2ᵉ catégorie et porter de 82,000 à 95,000 le chiffre du contingent à incorporer annuellement dans la 1ʳᵉ catégorie.

En conséquence, l'armée permanente a reçu 105,000 recrues de la classe 1872, au commencement de mars et non en automne comme cela se pratiquait les années précédentes.

Pendant l'hiver, *période de la force minima*, les effectifs sont réduits actuellement au strict nécessaire pour assurer le service de place, l'entretien des chevaux et du matériel. En été, les effectifs sont renforcés par l'arrivée des hommes en congé et les appels échelonnés des réservistes.

Le changement de ministère n'a pas apporté de modification sensible à la ligne de conduite suivie depuis 2 ans; une circulaire, en date du 26 décembre dernier, prescrit l'appel immédiat sous les drapeaux des militaires de la nouvelle classe destinés à la cavalerie, le reste de la classe 1873 ne devant être appelé qu'au mois de mars.

Il est probable qu'une nouvelle loi, d'ailleurs à l'état de projet, consacrera sous peu d'une façon définitive les réformes introduites à titre provisoire dans le système de recrutement italien par les deux derniers ministres.

En résumé, l'armée italienne comprend 21 classes fournissant en chiffres ronds un total de 3,215,000 hommes de troupe répartis conformément aux indications du tableau ci-après.

	1re CATÉGORIE. — Hommes ayant reçu une instruction complète.	2e CATÉGORIE. Hommes n'ayant qu'une instruction ébauchée.	3e CATÉGORIE. Hommes n'ayant en général reçu aucune instruction.
Armée permanente. 3 classes sous les drapeaux et 6 en congé.	670,000	127,000	»
Milice mobile. 6 classes en congé	312,000	207,000	»
Milice territoriale. 6 classes en congé	328,000	225,000	1,346,000
Totaux	1,310,000	559,000	1,346,000
Total général.	3,215,000 hommes.		

Le recrutement dans la cavalerie.

Il semble que la cavalerie qui compte dans ses rangs des hommes liés au service pour 4 ans au moins ou des volontaires d'un an, soit plus favorisée que les autres armes pour l'éducation de son contingent. Mais il n'en est rien : on tient compte dans une très faible mesure des aptitudes physique et professionnelle des recrues ou de leur degré d'instruction, lors de leur répartition.

La durée du service variant de 2 à 4 ans, le tirage au sort décide quels sont les jeunes gens qui accompliront 2 ans de présence sous les drapeaux. Ces derniers, quelles que soient leurs aptitudes, ne peuvent être affectés à la cavalerie.

Le commandant du district doit désigner les cavaliers parmi les autres, ceux qui n'ont pas été favorisés par le sort ; enfin, il est encore limité dans son choix par la nécessité de n'affecter, dans chaque circonscription, aux régiments de cavalerie qu'un nombre de jeunes gens fixé d'avance. Ce nombre est sensiblement le même dans toutes les parties du royaume : le service dans la cavalerie étant en raison de sa plus longue durée une véritable charge, il a paru équitable de la répartir également entre toutes les provinces. On voit, par suite, dans les pays d'élevage, affecter à l'infanterie ou à l'artillerie les *butteri* (gardiens de troupeaux) qui sont rompus à l'exercice du cheval et tiendraient parfaitement leur place dans un escadron. Dans la Ligurie au contraire, où l'élevage n'existe pas, il faut affecter à la cavalerie des marins.

Le degré d'instruction des recrues n'exerce guère plus d'influence sur leur affectation. La cavalerie italienne compte dans ses rangs un très grand nombre d'illettrés. Dans toutes les autres armées, on a reconnu cependant la nécessité de n'admettre dans la cavalerie que des hommes sachant lire et écrire, capables au besoin de faire un rapport. Enfin, il est plus facile d'enseigner l'équitation à un homme instruit, dont l'intelligence a été cultivée et développée : il sera moins accessible à la peur, on pourra le raisonner. La cavalerie doit avoir un recrutement choisi, dans l'intérêt même de l'armée, et on peut très bien prélever sur le contingent les éléments les plus aptes à son service sans nuire aux autres armes, puisqu'elle ne demande qu'un très petit nombre de sujets.

Les officiers italiens reconnaissent tous les inconvénients que présente le système de recrutement actuel et espèrent que la nouvelle loi y remédiera.

La mobilisation.

Tous les détails concernant la mobilisation de l'armée sont réglés par l'instruction du 1er mars 1893 complétée par les prescriptions ministérielles confidentielles adressées aux corps et services.

L'*ordre de mobilisation* est envoyé par le télégraphe aux autorités civiles et militaires qui le portent à la connaissance des habitants par tous les moyens de publicité possibles.

L'*ordre de bataille de l'armée et la concentration* sont l'objet d'un document indiquant pour chaque unité mobilisée un point de concentration. Les états-majors détiennent dès le temps de paix les pièces contenant ces données.

Les *ordres de mouvement* sont également communiqués aux principales autorités militaires, qui préparent dès le temps de paix les mesures destinées à faciliter le transport des différentes unités.

Le *tableau de dislocation des grandes unités* indique aux commandants de district et aux commandants de gare la destination à donner aux isolés rejoignant leur corps sur la base de concentration.

Le *bulletin de mobilisation* indique les mutations survenant, lors de la mobilisation, dans le personnel des officiers. Il comprend deux parties et un appendice : la première partie est communiquée aux intéressés et leur fait connaître leur destination. La deuxième partie, conservée et tenue à jour au ministère, est envoyée dès le départ de l'ordre de mobilisation. L'appendice concerne l'organisation du service de l'intendance.

L'*ordre de réquisition* peut être compris dans l'ordre de mobilisation ou faire l'objet d'un ordre spécial.

Le premier jour de la mobilisation est celui qui suit la publication du télégramme. En principe, aucune instruction, aucune explication ne doit être donnée ou demandée quand l'ordre de mobilisation et l'ordre de réquisition sont lancés. Dans chaque localité, l'autorité militaire a le devoir de régler *de sa propre initiative* toutes les difficultés qui pourraient se présenter.

Le dictrict est le rouage le plus important de la mobilisation ; voici quelles sont les opérations qui lui incombent :

1° Appel des officiers en congé et des officiers en disponibilité ;

2° Appel des classes en congé ;

3° Réception, administration et discipline des rappelés qui arri· vent au district ;

4° Équipement des rappelés qui touchent au magasin de district leurs armes, une partie des effets de linge et chaussures et certains effets d'uniforme. Les rappelés de la cavalerie (des classes les plus anciennes) reçoivent seulement la capote, le béret, le sachet à pain, le quart et une cuiller ;

5° Formation des détachements envoyés aux corps. Rassemblement, formation et équipement des unités de milice mobile (les bataillons sont constitués en régiments dans la zone de concentration) ;

6° Organisation, armement, équipement de la milice territoriale ;

7° Réquisition des chevaux ;

8° Préparation des troupes de complément. La cavalerie ne reçoit pour compléter ses effectifs que des hommes instruits notés pendant leur séjour au régiment comme de très bons soldats. Les anciens cavaliers qui ne sont pas affectés à leur arme, comme hommes de complément, sont versés dans l'artillerie et le train.

Le district doit en outre organiser les formations sanitaires.

Mobilisation de la cavalerie.

Le commandement. — Le bulletin de mobilisation désigne les commandants de brigade, auxquels on laisse autant que possible les régiments qu'ils avaient pendant le temps de paix : un certain nombre de commandements de brigade et les commandements de division sont créés sur le papier. Les 24 régiments forment 3 divisions indépendantes de 4 régiments chacune ; 12 régiments sont affectés aux corps d'armée.

Le général de brigade a deux aides de camp : un capitaine (celui qui est attaché à la brigade dès le temps de paix) et un officier subalterne de complément.

Les régiments. — Les corps complètent leur effectif avec des rappelés provenant des districts voisins de leur garnison. En temps de paix, les hommes en congé comptent tous au dépôt, qui en tient à jour les listes.

Le magasin du corps a en dépôt tout l'équipement nécessaire aux escadrons mobilisés et à l'escadron de réserve formé par le corps.

Les opérations effectuées dans l'intérieur du corps sont :

1° Le versement au dépôt des hommes et des chevaux qui ne peuvent faire campagne. Les recrues de la dernière classe passent au dépôt ;

2° Répartition des élèves-sergents entre les unités du corps (si le régiment a un peloton d'élèves-sergents) ;

3° Chargement des voitures. Le corps achète directement, s'il le faut, sans autre autorisation, les objets qui pourraient lui manquer. Le régiment reçoit à son arrivée sur la base de concentration par l'intermédiaire de l'état-major du corps d'armée ou de la division, un certain nombre de cartes comprenant la zone des opérations.

Les voitures sont attelées avec les chevaux de trait du temps de paix et des chevaux de réquisition.

Le *major rapporteur* assisté par un officier subalterne de complément, un fourrier et quelques gradés commandent le dépôt, qui doit procéder aux opérations suivantes :

1° Distribution du matériel qui n'est pas laissé aux hommes en temps de paix ;

2° Réception des ballots des escadrons ;

3° Réception des officiers en congé ;

4° Équipement des rappelés ;

5° Constitution de l'escadron de réserve ;

6° Répartition des hommes rappelés entre les unités du corps.

L'escadron de réserve n'est pas créé sur le papier dès le temps de paix. Lors de l'arrivée des hommes en congé, le commandant du dépôt forme d'abord un peloton, puis quand le corps a reçu un nombre de chevaux suffisant, il forme un deuxième peloton. A partir de ce moment, l'escadron de réserve devient unité administrative. Le capitaine qui commande le dépôt en temps de paix, passe à l'escadron de réserve avec les cadres actifs du dépôt. Le commandement des pelotons est exercé par des officiers de complément. Les sous-officiers et caporaux sont fournis par le régiment, qui fait, s'il y a lieu, des promotions pour compléter les cadres.

Les commissions de réquisition envoient aux corps de cavalerie les chevaux de selle les plus propres au service de l'arme. Les chevaux dits d'*agevolezza* (destinés en temps de paix à la remonte des officiers) sont attribués aux officiers de complément.

La cavalerie italienne forme donc à la mobilisation 144 escadrons actifs et 24 escadrons de réserve, auxquels il faut ajouter l'escadron de la milice sarde. Les régiments actifs sont prêts à partir le soir du premier jour. Les escadrons de réserve sont prêts au bout de 6 à 8 jours et ne sont pas immédiatement utilisables, à cause de l'insuffisance de dressage des chevaux. Ils constituent la seule réserve de cavalerie dont dispose l'armée italienne.

Depuis longtemps, on se préoccupe dans le public du manque de cavalerie dans les formations de seconde ligne (milice mobile) et de troisième ligne (milice territoriale).

Dès 1874, une brochure intitulée *Milizia equestre, ossia ragionamenti sulla cavalleria,* du capitaine Coppi, démontrait la nécessité de créer 10 régiments de cavalerie provinciale.

« Nous n'avons pas assez de cavalerie, disait-il ; la cavalerie doit
« être employée en grandes masses... Il vaut mieux avoir une ca-
« valerie nombreuse et médiocre, qu'une bonne cavalerie qui, en
« raison de son faible effectif, ne puisse suffire aux obligations
« multiples qui lui incombent. »

Ces idées ont été reprises depuis quelques années. Plusieurs
publications militaires préconisent l'utilisation des hommes de la
Campagne romaine tels que les *butteri* (gardiens de troupeaux) qui
passent leur vie à cheval. On pourrait former avec ces hommes
4 escadrons « de milice territoriale, que l'on affecterait, de concert
« avec les éléments d'infanterie de cette même milice, au service
« de surveillance et de garde des côtes. Dans le cas où cet essai
« donnerait de bons résultats, rien n'empêcherait d'étendre cette
« organisation aux autres provinces du royaume susceptibles de
« fournir de bons cavaliers, telles que les Maremmes, les Pouilles,
« la Sicile, la Sardaigne. »

Cette idée sera sans doute réalisée dans un avenir peu éloigné.
Un décret récent règle la constitution des cadres d'officiers de cavalerie dans la milice territoriale. Le ministre fait appel à toutes
les bonnes volontés pour cette création. Les officiers des autres armes sont admis à passer avec leur grade dans la cavalerie, à condition de subir avec succès un examen pratique sur l'équitation et
les règlements de l'arme.

Enfin, un certain nombre de jeunes gens n'ayant jamais servi,
mais remplissant les conditions d'instruction, de moralité, de situation sociale nécessaires pour entrer dans le corps d'officiers,
sont admis avec le grade de sous-lieutenant et astreints à servir un
mois avec ce grade dans un régiment de l'arme. Outre les conditions énumérées ci-dessus, les candidats doivent se monter à leurs
frais.

En résumé, la cavalerie entre pour une trop faible proportion
dans l'armée italienne : 168 escadrons ne suffisent pas pour une
nation qui songe à entrer en campagne avec un million d'hommes.

La mobilisation et la concentration de la cavalerie active dont
les régiments sont presque tous stationnés dans la vallée du Pô,
s'effectueront avec une grande rapidité.

Dès la première heure, les troupes de couverture à effectifs renforcés seront prêtes, elles aussi; mais elles ne seront appuyées que tardivement par les corps d'armée.

En raison même de la nature du pays et de l'insuffisance du réseau ferré, la guerre ne peut avoir en Italie le caractère d'instantanéité qu'elle pourra prendre sur la frontière lorraine. De grandes batailles se seront sans doute livrées sur la Seille quand les Italiens arriveront en ligne avec le gros de leurs forces : *ils seront orientés déjà sur l'issue possible de la lutte, avant d'avoir eu le temps de s'engager à fond.*

Dans ces conditions, il n'est pas douteux que les premières opérations en Lorraine n'exercent une influence considérable sur l'attitude de nos voisins.

CHAPITRE III.

LA REMONTE.

Le cheval italien. — La production chevaline et la mobilisation. — Les dépôts d'élevage. — Commissions d'achat. — Remonte des officiers. — Réquisition des chevaux.

Le cheval italien.

Au moyen âge, l'Italie possédait une race de chevaux très estimée. Les races françaises et allemandes n'avaient pas encore été régénérées par le sang oriental ; l'élevage produisait dans le Limousin, en Bretagne et dans le Midi de la France des chevaux pleins de sang, mais trop légers pour porter des cavaliers pesamment armés. Les chevaux provenant du Perche, du Nord de la France, de la Hollande, de l'Allemagne étaient plus fortement charpentés, mais lourds et peu maniables ; ils n'avaient pas un degré de sang suffisant : c'étaient seulement d'excellents chevaux de trait.

Le cheval italien réalisait au contraire l'idéal recherché par les cavaliers pour le service de guerre et surtout pour les tournois et le manège. Il était de taille moyenne ($1^{m},56$ environ), un peu commun dans son ensemble, mais bien suivi. Il avait l'encolure longue et rouée, un dessus irréprochable, une croupe légèrement oblique mais très musclée. Les rayons supérieurs manquaient parfois de longueur, car le cheval italien n'était pas taillé pour la course ; ses membres et ses aplombs ne laissaient en rien à désirer. Les allures étaient brillantes ; le cheval bien équilibré et plein de sang apprenait aisément les airs de manège.

On peut se faire une idée très exacte de ce qu'était le cheval italien par les tableaux et les croquis de l'époque, qu'on trouve en grande abondance dans les collections particulières de quelques riches éleveurs. On est frappé de la ressemblance qui existe entre le type italien et notre cheval barbe d'Algérie. Toutefois, le cheval italien avait plus de taille, était plus étoffé que le barbe.

La race italienne était le produit du croisement des étalons orientaux importés par les Génois, les Pisans et surtout les Vénitiens, avec la race indigène. Les petits États qui se partageaient le sol de l'Italie étaient alors dans une situation financière très florissante ; ils ne reculaient devant aucun sacrifice pour améliorer l'élevage. Ils entretenaient avec le Levant des relations très suivies et payaient sans marchander des étalons syriens de grande origine. Enfin, la production en fourrages étant insuffisante dans certaines régions de l'Italie, les éleveurs achetaient une grande partie de leur foin et de leur avoine en Hongrie et en Dalmatie.

Des académies d'équitation s'étaient fondées à côté des centres d'élevage, notamment à Padoue, à Pise, à Ferrare, à Rome et à Naples. Grâce à l'habile direction de maîtres tels que Frédéric Grison, Benjamin de Hannibale, Prosper Romano, César Fiaschi, Pasquale Caracciolo et surtout Pignatelli, « le plus excellent homme de cheval qui ait jamais été » au dire de Pluvinel, l'équitation devint bientôt un art véritable. La noblesse de France et d'Allemagne vint en foule chercher à ces écoles le secret de briller dans les tournois [1].

Lorsque, après avoir passé deux ou trois ans dans une académie italienne, les gentilshommes étrangers regagnaient leur pays, ils emmenaient toujours quelques-uns de ces chevaux napolitains si merveilleusement dressés en haute école.

Les écuyers italiens étaient aussi à la mode, en Allemagne surtout. On trouve dans les naïfs récits que nous a légués le moyen âge la vie des châtelains allemands prise sur le vif. Le narrateur ne manque jamais, dans l'énumération des personnages qui composaient la cour seigneuriale, de nous présenter l'écuyer italien. Dans la chronique, celui-ci a toujours un vilain rôle, il est surtout perfide, cruel et traître, tant il est vrai que dans ces narrations, où l'imagination du conteur semble se donner libre cours, la fiction devait sans doute côtoyer de bien près la réalité.

---

1. Des maîtres d'escrime de premier ordre étant venus enseigner leur art dans les villes où étaient installées les académies d'équitation, les étrangers avaient à leur portée tous les genres de sport pratiqués alors.

Dès le xve siècle, le cheval napolitain est considéré comme le meilleur cheval d'armes de l'Europe. Philippe de Commines nous apprend que les princes et les riches seigneurs n'avaient pas d'autres montures pour la bataille. Nous lisons dans Brantôme (*Belles retraites d'armées*, t. VI) :

« Il (le duc de Guise) estoit monté sur son bon cheval *Morel*,
« des beaux genest et bons qui sortist du royaume de Naples ; et
« en descendant il le loua fort et dit que pour le jour de la bataille
« il n'en vouloit pas de meilleur ny d'autre..... et son escuyer ita-
« lien nommé Hespany estoit monté..... qui, pour avoir été pris
« pour le duc de Guise, mourut de plus de vingt coups de pis-
« tollets. »

Au xviie et au xviiie siècle, l'étalon napolitain est plus en vogue que jamais dans toute l'Europe. Les électeurs de Bavière entretiennent des chevaux de cette race dans leurs haras. En 1693, l'électeur de Brandebourg, qui devait devenir en 1701 roi de Prusse sous le nom de Frédéric 1er, fait acheter des étalons napolitains. En 1742 il envoie à Trakehnen[1] 281 chevaux d'origine italienne saisis dans un haras de Bohême pendant la guerre de Silésie. Les chevaux calabrais sont particulièrement recherchés. Sully raconte qu'un cheval noir de Calabre, qui lui avait appartenu, était dressé à se jeter pendant l'action sur le cheval de l'ennemi et sur l'ennemi lui-même, « les chargeant du pied et de la dent ».

A la fin du xviiie siècle, la race napolitaine commence à perdre ses qualités. Nous lisons dans Warnery :

« Les Napolitains ont de très bons chevaux pour un jour de
« bataille ; *on prétend à la vérité qu'ils dégénèrent extrêmement,* mais
« étant tous entiers et fougueux, ils n'auraient jamais pu soutenir ces
« grandes marches et corvées qui se sont faites dans les dernières
« guerres d'Allemagne et surtout pendant l'hiver ; les hommes et
« les chevaux de ces nations ne sont pas propres à nos climats.....

« La cavalerie piémontaise, quoique bien composée, n'a jamais
« rendu de grands services, soit parce qu'elle n'est pas assez nom-

---

1. Aujourd'hui encore, des chevaux de la race dite de *Trakehnen* composent seuls les reprises de haute école du *Militair-Reit-Institut* de Hanovre. Ces chevaux, qui ont des aptitudes toutes spéciales à la haute école, descendent des étalons napolitains. Ils diffèrent complètement, comme modèle, des autres chevaux de l'école.

« breuse ou parce que les fossés dont l'Italie est coupée ne le lui
« ont pas permis ».

Napoléon constate également la décadence de la race italienne :
« Les chevaux sont rares en Italie ; cependant Naples, la Toscane
« et Rome en fournissent de très estimés. On rétablirait les haras
« qui ont été sacrifiés au bien de l'agriculture et au profit que
« donnent les bêtes à cornes. Dans les xiie et xiiie siècles, les di-
« verses puissances de l'Italie entretenaient cent mille chevaux... »
(*Commentaires de Napoléon Ier, campagne d'Italie,* tome Ier.)

Au commencement du xixe siècle, un très grand nombre d'écri-
vains signalent à leur tour la dégénérescence des races italiennes et
la diminution de la production chevaline qui en est la conséquence.
Les familles patriciennes, dans lesquelles on s'était adonné à l'élevage de père en fils depuis trois siècles, avaient perdu une grande
partie de leurs revenus. Or, le cheval italien ne pouvait garder ses
qualités qu'au prix de sacrifices pécuniaires considérables. Il avait
été jusque-là élevé dans d'immenses prairies ; sa taille et sa vigueur
avaient été développées par une alimentation abondante. Ces procédés d'élevage paraissaient trop coûteux ; on mit en valeur les
grandes prairies en les livrant à la culture ; on renonça à importer
en Italie les fourrages étrangers : la ration des jeunes chevaux s'en
ressentit. Enfin, dans plusieurs régions, on abandonna l'élevage
du cheval, trouvant que les bêtes à cornes donnaient un meilleur
revenu.

D'ailleurs, les chevaux italiens ne s'exportaient plus. En France,
en Angleterre et en Allemagne, des écoles d'équitation s'étaient
fondées : l'élevage avait progressé dans ces différents pays, en
Angleterre surtout. Les Anglais, toujours pratiques, avaient créé
une race admirablement conformée pour la course. Dédaignant la
haute école, ils attachaient peu d'importance à l'équitation de manège et préconisaient l'équitation d'extérieur. Les idées anglaises
commençaient à prévaloir dans toute l'Europe.

La période des guerres napoléoniennes avait porté un coup
funeste à l'élevage italien dont les ressources étaient presque épui-
sées en 1815.

Une autre cause avait contribué également à la décadence du type
italien : nous avons tout à l'heure fait remarquer la ressemblance

qui existe entre le cheval napolitain et le cheval barbe. De même
que le cheval barbe, le cheval italien perdait la plupart de ses
qualités par la castration, et presque partout on renonçait à se servir de chevaux entiers.

Jusqu'en 1860, ce fâcheux état de choses s'est maintenu ; mais
depuis cette époque le goût des courses s'est développé dans la
péninsule : de nombreux hippodromes se sont créés. Un certain
nombre d'éleveurs se sont adonnés avec succès à l'élevage du pur-
sang. Enfin, le croisement du cheval anglais avec les races indigènes a donné d'excellents résultats. Les chevaux de demi-sang
qu'il a produits sont à juste titre très estimés. Plus rustiques que
leurs ascendants anglais, ils ont une aptitude tout à fait exceptionnelle au saut d'obstacles. Cette qualité est plus nécessaire en Italie
que partout ailleurs, car dans aucun autre pays on n'a, au cours
d'une chasse, autant d'obstacles de toute nature à franchir.

Ces chevaux sont encore d'un prix trop élevé pour pouvoir être
achetés par la remonte. Néanmoins il est probable que, si la situation financière de l'Italie s'améliore, l'élevage national réalisera
de rapides progrès. Le cheval italien régénéré ne ressemblera
guère à ses ancêtres du xvi⁰ et du xvii⁰ siècle, — il ne sera plus
le cheval de haute école tant prôné par Pignatelli, — ce sera un
cheval de chasse se rapprochant du modèle hunter. Car les idées
anglaises ont prévalu, même en Italie, et l'équitation compliquée
des vieilles académies toscanes, napolitaines ou vénitiennes est
tombée dans le discrédit.

La production chevaline et la mobilisation.

Les statistiques établies en 1870 évaluent à 700,000 têtes la
population chevaline de l'Italie. Or le jeune royaume voulait
prendre rang parmi les grandes puissances, avoir une armée avec
laquelle on dût compter.

Pour créer une armée il faut des chevaux ; la cavalerie et l'artillerie doivent en effet entrer pour une certaine proportion dans
la composition des armées modernes. Il faut en outre des chevaux
provenant de l'élevage national, car on ne peut songer à faire en
temps de guerre des achats à l'étranger. Il est indispensable enfin

que l'armée se mobilise rapidement ; seuls les chevaux achetés par des commissions de réquisition opérant sur le territoire national arriveront en temps voulu.

Si des 700,000 chevaux que l'Italie possédait en 1870, nous défalquons les poulains âgés de moins de 4 ans, soit un quart du total, les poulinières, les chevaux hors d'âge, les animaux impropres au service par suite du manque de taille ou de l'usure prématurée, le nombre des chevaux utilisables dans l'armée est sensiblement réduit. M. Pelloux (*Della questione equina in Italia*) admet que, sur 6 chevaux atteignant l'âge de 5 ans, un tout au plus remplit les conditions requises pour le service. C'est à grand'peine si l'Italie était en 1870 en mesure de trouver dans ses propres ressources 58,000 animaux de selle et de trait, — les chevaux nécessaires pour une armée de 300,000 hommes !

Le gouvernement, comprenant la nécessité d'augmenter la production chevaline, remplit les dépôts d'étalons [1]. A l'instigation d'un grand éleveur, M. Boselli, qui reprochait à l'armée d'acheter ses chevaux à l'étranger, des instructions prescrivant d'acheter de préférence les chevaux indigènes et de les payer largement furent données aux commissions de remonte.

Des encouragements de toute nature furent prodigués à l'élevage ; des hippodromes furent créés ; les produits indigènes furent primés dans les concours. Enfin un certain nombre d'officiers et d'éleveurs vinrent en Prusse, pour étudier le fonctionnement des dépôts d'élevage qui, depuis 60 ans, donnaient de si bons résultats.

Deux dépôts de ce genre avaient été créés par décret du 11 novembre 1870 à Grossetto et Persano ; un troisième fut installé en 1879 à Palmanova, dans les environs de Pordenone. La loi du 29 juin 1882 portait à 5 le nombre des dépôts en en créant un à Scordia près de Catane (Sicile) et un autre à Portovecchio près de Mirandole en Émilie. La loi du 8 juillet 1883 fixait à 6 le nombre de ces établissements.

---

1. En 1863, l'Italie possède dix dépôts d'étalons entretenant en tout 600 reproducteurs. En 1868, le nombre des dépôts est réduit à 6, ils ne contiennent plus que 286 étalons. Ces dépôts sont installés à Ferrare, Pise, Santa Maria di Capua, Reggio Emilia, Crema, Catane et Fossano.

Ces dépôts étaient organisés de manière à servir de modèle aux éleveurs ; ils étaient dirigés par des hommes d'une compétence reconnue, *qui exercèrent bientôt dans les régions avoisinantes une* heureuse influence.

Ces mesures très sages produisirent d'excellents résultats. D'après les Annales du ministère de l'agriculture, les 6 dépôts de remonte fournissent à l'armée, en 1886, *3,033 chevaux dont voici* la répartition :

DÉPÔTS.	CHEVAUX DISTRIBUÉS		TOTAL.
	à la cavalerie.	à l'artillerie.	
Grossetto.	1,373	132	1,505
Persano	467	58	525
Palmanova	225	99	324
Portovecchio	249	106	355
Scordia (Sicile)	238	»	238
Bonorva (Sardaigne). .	85	1	86
Total	2,637	396	3,033

Sur ce total, 2,384 chevaux ont été reconnus bons ou très bons, 631 médiocres et 18 impropres au service.

En 1888, les 6 dépôts fournissent à l'armée 5,000 poulains. En 1892, l'Italie n'achète qu'un nombre insignifiant de chevaux à l'étranger, notamment pour la remonte de l'école de Pignerol et pour le cours de lieutenants d'instruction installé à Tor di Quinto.

L'accroissement de la production chevaline mettait le ministère de la guerre en mesure d'augmenter le nombre des unités de cavalerie et d'artillerie, et d'accélérer dans une mesure très sensible la mobilisation de cette dernière arme.

En 1872, la cavalerie se mobilisait aisément parce qu'elle était en tout temps dotée du nombre de chevaux de selle nécessaire pour entrer en campagne ; elle n'avait à recevoir que 3,000 animaux de trait.

L'artillerie, étant remontée presque complètement en chevaux de réquisition, se mobilisait alors en trois échelons. Tandis que l'infanterie et la cavalerie étaient prêtes, *au bout de 25 jours*, l'artillerie devait partir sans être en possession de tous ses moyens d'action.

Aujourd'hui l'armée italienne se mobilise dans de tout autres conditions.

La crise financière dans laquelle se débat l'Italie aura sans doute pour conséquence une réduction du budget de la guerre, mais le gouvernement ne réalisera certainement aucune économie qui puisse porter préjudice à l'élevage national.

Les dépôts d'élevage.

Les dépôts d'élevage ont pour objet de procurer à l'armée de bons chevaux indigènes au fur et à mesure de ses besoins, — d'encourager l'élevage en permettant aux propriétaires de se défaire des jeunes chevaux de 3 à 5 ans que le commerce ne recherche pas encore, — de soustraire le poulain à un travail qui peut le tarer prématurément — et enfin de développer ses forces par une bonne alimentation et la vie en plein air.

Le règlement du 10 avril 1881 indique les modes d'élevage qui sont adoptés concurremment dans les dépôts : l'élevage en liberté à l'état sauvage (*brado*), l'élevage en demi-liberté (*semi brado*), l'élevage à l'écurie.

On admet qu'il faut 150 ares de pâturages par poulain pour le premier mode d'élevage ; les prairies contiennent 30 à 40 poulains, réunis par sexe et par âge. Les jeunes chevaux passent toute l'année dans la prairie sans abri. Pendant l'hiver on supplée à l'insuffisance du pacage en leur donnant un peu de foin.

L'élevage en demi-liberté consiste à laisser, suivant la saison, les jeunes chevaux alternativement au pré ou à l'écurie.

Les poulains élevés d'après le troisième mode sont groupés par 15 ou 20 et laissés en liberté dans un parcours de peu d'étendue attenant à l'écurie qui est un simple abri en briques ou en torchis.

Au sortir des dépôts d'élevage, les jeunes chevaux doivent être apprivoisés, familiarisés avec l'homme, habitués au pansage, à la ferrure, au poids du cavalier, — débourrés en un mot. Dès leur arrivée au régiment ils commenceront la deuxième période du dressage : travail en bridon, puis en bride au manège.

Ces différents modes d'élevage donnent d'excellents résultats : les chevaux sont aguerris aux intempéries et sont rarement malades de la gourme à leur arrivée au corps. Enfin, habitués à être toujours ensemble en liberté, ils ne se battent pas à l'écurie et dans les cantonnements ou au bivouac.

Les poulains achetés de 2 à 4 ans sont conservés 2 ans dans les dépôts avant d'être versés dans les régiments. Ils arrivent dans les dépôts au printemps.

L'inspecteur du service de la remonte désigne chaque année au mois d'octobre les chevaux qu'il juge en mesure d'être envoyés aux régiments. Il en indique le nombre au ministre qui fait dresser un état de répartition. Chacun des régiments intéressés forme, sous la conduite d'un sous-officier, un détachement comprenant les cavaliers qui seront détachés au dépôt, à raison de un homme par trois chevaux à recevoir. Ces cavaliers dirigés sur le dépôt au mois de novembre y restent jusqu'au mois de mars suivant et sont employés par l'état-major du dépôt au débourrage des jeunes chevaux.

Le dépôt de Grossetto, le plus important de tous, est installé dans un domaine de l'État d'une superficie de 2,200 hectares. Cette propriété, située dans une des parties les plus marécageuses de la Maremme, a été presque complètement assainie, grâce aux travaux considérables qui y ont été exécutés. Un drainage parfaitement compris a desséché le sol en le rendant productif. Une belle chaussée traverse le domaine : dans cette contrée fertilisée par les eaux de l'Ombrone, les plantations d'eucalyptus, les champs et les prairies ont remplacé presque partout les marécages insalubres d'autrefois.

Jusqu'à ces dernières années le personnel du dépôt devait s'absenter pendant une partie de l'été pour échapper aux fièvres paludéennes si redoutables dans cette contrée. Aujourd'hui la plupart des propriétaires voisins du domaine ont suivi l'exemple que leur donnait l'État : Grossetto transformé est habitable en été.

Le dépôt élève 2,000 poulains divisés en troupeaux de 50, 60, 100 et 200 têtes composés par âge, sexe, tempérament, état sanitaire.

Le territoire est partagé en enclos dans lesquels on fait alterner les troupeaux. Dans chaque enclos, on trouve une plantation en quinconce de platanes et d'*eucalyptus globulus,* destinée à maintenir les terres, à assainir le sol et à fournir aux chevaux un abri contre les ardeurs du soleil en été.

Les poulains restent toute l'année en plein air sans autre nourriture que le pacage. Chaque jour les palefreniers passent en revue les troupeaux, prennent au lasso les animaux qui paraissent devoir être soumis à l'examen du vétérinaire. Les pouliches reconnues pleines sont mises à part et mettent bas sans le secours de l'art.

Une ferme est annexée au dépôt : on fait reposer les terres en les cultivant deux ans par période de sept ans.

Un troupeau de buffles sauvages passe dans les prairies après les chevaux, mange l'herbe que ceux-ci ont laissée et fume le sol.

Les *butteri* (palefreniers) sont montés : leurs chevaux sont laissés en liberté en dehors des heures de service.

Le même régime, l'élevage à l'état sauvage, avait été tout d'abord appliqué indistinctement à tous les animaux, quelle que fût leur provenance. Mais un certain nombre de toscans issus d'étalons anglais et élevés jusque-là dans les écuries ne purent s'acclimater à Grossetto et contractèrent presque tous des maladies des voies respiratoires. Il fallut donc inaugurer pour eux le régime mixte, à l'écurie et en liberté. Ces chevaux exigeaient, en outre, beaucoup de soins ; il leur fallait une alimentation plus abondante qu'aux romains. Mais ils ont plus de taille et plus de distinction.

Les bâtiments du dépôt comprennent deux casernes et un certain nombre d'annexes : infirmerie, hangar pour la castration, forge, etc.

Le dépôt de Persano, qui appartenait autrefois aux rois de Naples, devint domaine de l'État, lors de l'annexion du petit royaume.

Le domaine, d'une étendue de 4,000 hectares, est traversé par deux rivières, le Calorre et la Sela. Il a fallu en défricher la plus grande partie pour créer des prairies. La moitié de la propriété est encore boisée.

Le dépôt n'élève que 1,500 poulains, mais pourra en contenir un plus grand nombre quand des travaux auront été exécutés pour l'alimenter toute l'année en eau. Le terrain est très accidenté, aussi les chevaux provenant de Persano ont-ils une sûreté de pied tout à fait remarquable.

Il y avait à Persano une race très estimée, lors de la prise de possession de la propriété par l'administration de la guerre. Malheureusement, le ministre ayant prescrit la vente aux enchères du troupeau qui faisait souche et se composait de 350 animaux, la race a presque complètement disparu. Ces chevaux, achetés par de grands éleveurs, ont donné d'excellents produits, grâce au croisement avec le sang anglais. Les animaux de cette provenance sont très recherchés aujourd'hui comme chevaux de chasse. Leur prix est toujours très élevé.

Un polygone est installé dans le domaine ; quand la période des écoles à feu est terminée, le polygone est à la disposition du dépôt.

Cet établissement est organisé à peu près comme celui de Grossetto.

Le dépôt de Palmanova est installé dans les bâtiments militaires, qui existaient dans cette place forte aujourd'hui déclassée. Il peut contenir 600 chevaux. Les terres comprennent 700 hectares, dont 500 en prairies et 200 en cultures.

Pendant l'hiver, les chevaux restent dans des écuries contenant de 25 à 45 chevaux chacune. Des paddoks de 50 mètres de long et 30 mètres de large leur permettent de faire un peu d'exercice. Le sol de ces paddoks est dur et inégal, aussi les chevaux provenant de Palmanova ont-ils souvent d'assez mauvais pieds.

Le sol ne produit pas une quantité d'herbe suffisante pour l'alimentation des chevaux du dépôt.

Le dépôt de Portovecchio est installé en Émilie. Il peut contenir environ 700 poulains, dont un tiers est généralement destiné à l'artillerie.

Le dépôt de Scordia entretient 500 chevaux, descendants dégénérés des races siciliennes très estimées autrefois. Ces chevaux sont, en raison de leur petite taille, affectés presque tous à la cavalerie légère.

Le dépôt de Bonorva élève de petits chevaux sardes pleins de sang rappelant le type tarbe ou bigourdan. Malheureusement, de même que les chevaux siciliens, les chevaux sardes manquent de taille. Ils sont toujours très appréciés par les régiments de cavalerie légère qui les reçoivent.

En résumé, la cavalerie italienne est actuellement très mal montée ; les chevaux provenant du Piémont, de la Lombardie, de la Vénétie sont fortement charpentés, ont de la taille, mais, usés prématurément par le labour, ils se tarent vite. Les chevaux des Maremmes, et surtout ceux qui sont élevés dans la Campagne romaine, sont de bons chevaux de troupe, très résistants et sobres, mais communs d'aspect. Un grand éleveur romain disait l'an dernier dans un comice agricole qu'il faudrait 20 ans pour refaire toutes ces races abâtardies[1].

Nous mentionnons pour mémoire la race royale de la Vénerie, constamment améliorée par les souverains, et les races Titteri, Franceschetti, Silvestrelli, dont les produits atteignent souvent des prix très élevés, inaccessibles pour la remonte.

Deux inspecteurs sont à la tête du service de la remonte, ils relèvent directement du ministre de la guerre.

La direction est exercée dans chaque dépôt par le personnel ci-après :

Un directeur, officier de cavalerie, dont le grade varie de celui de capitaine à celui de lieutenant-colonel, suivant l'importance du dépôt.

Un sous-directeur, lieutenant ou capitaine.

Deux vétérinaires militaires dans les dépôts contenant moins de mille chevaux, trois dans les autres.

Un officier comptable et deux secrétaires permanents.

L'exploitation est confiée à un personnel civil : gérant et sous-gérant, chefs palefreniers (*capi butteri*), palefreniers (*butteri*), bouviers, laboureurs, maréchaux et gardes champêtres.

Le directeur nomme aux emplois civils, toutefois il doit soumettre la nomination du gérant et du sous-gérant à l'approbation de l'inspecteur.

L'inspecteur passe des revues fréquentes, examine les chevaux aussitôt après l'achat. Il répartit les animaux dans les différentes armes d'après leur conformation.

La direction du dépôt est considérée comme un corps. Le capitaine vétérinaire fait partie du conseil d'administration, est res-

---

1. Lors d'un voyage en Italie, en 1890, nous avons constaté la présence dans les rangs de nombreux chevaux hongrois achetés de 1880 à 1885. Ils constituaient la moitié de l'effectif dans certains corps. On nous a fait remarquer également un certain nombre de chevaux achetés en France, mais en moins grand nombre.

ponsable de l'hygiène et de l'alimentation. Il a sous ses ordres les palefreniers.

Commissions d'achat.

Le ministre désigne, quand il y a lieu, le personnel des commissions d'achat. Elles se composent de deux officiers (un officier supérieur et un capitaine), un vétérinaire ayant voix délibérative et un sous-officier secrétaire. Le nombre, le prix et la nature des chevaux à acheter sont fixés d'avance.

Les populations sont avisées par des affiches du passage de la commission. Les chevaux sont payés comptant et dirigés après l'achat sur les corps ou les dépôts destinataires.

La durée moyenne d'un cheval de troupe est fixée à 10 ans. La taille des chevaux est, pour les lanciers, de $1^m,52$ à $1^m,60$, pour les chevau-légers, de $1^m,46$ à $1^m,54$, pour l'artillerie (minimum), de $1^m,50$.

Les achats de chevaux se font de trois manières :

1° Au moyen de contrats avec les fournisseurs ;

2° Par les commissions de remonte ;

3° Par les dépôts.

Les commissions de dépôt fonctionnent tous les ans au mois de mars et achètent des poulains de 2 à 3 ans qui sont dirigés sur le dépôt d'élevage.

Les autres commissions opèrent dans une zone assignée par le ministre et achètent des chevaux de 5 à 8 ans qui sont envoyés aux corps.

Les présidents des commissions reçoivent des avances en argent pour payer immédiatement les animaux achetés, en présence de tous les membres de la commission et du maire, qui appose sa signature sur les actes d'achat.

Les jeunes chevaux, arrivés à leur destination, sont passés en revue par le chef de corps qui donne son appréciation motivée sur chacun d'eux. Un rapport est fourni au ministre par le corps intéressé.

Dès leur arrivée, les jeunes chevaux répartis dans les escadrons par tirage au sort sont mis à part pour être dressés.

Le dressage est dirigé dans chaque corps par le sous-officier instructeur d'équitation. Chaque année les sous-lieutenants et les lieutenants doivent dresser l'un des jeunes chevaux affectés à leur escadron. Des reprises sont faites dans ce but aux officiers.

Il y a deux types de ration, la ration du 1er degré pour les lanciers et l'artillerie, la ration du 2e degré pour les chevau-légers, médecins, vétérinaires, commissaires, quel que soit leur grade, officiers subalternes d'infanterie.

Les chevaux des officiers généraux et supérieurs et des officiers de cavalerie, d'artillerie et d'état-major ont droit à la ration du 1er degré.

Ration du 1er degré.

En station. . . . . . 3^k d'avoine.
Au cantonnement. . . 3 ,500 d'avoine.   } 6 kilogr. de foin.
En marche . . . . . 4 d'avoine.

Ration du 2e degré.

En station. . . . . . 3^k d'avoine.
Au cantonnement. . . 3 —   } 5 kilogr. de foin.
En marche . . . . . 4 —

Il est perçu 4 kilogr. de paille de litière par cheval et par jour. Dans l'île de Sardaigne la ration n'est pas la même :

1er degré.

En station. . . . . . . 4^k,500 d'orge.
En cantonnement. . . . 5 d'orge.   } 7 kilogr. de paille.
En marche . . . . . . 5 ,500 d'orge.

2e degré.

En station. . . . . . . 4^k d'orge.
En cantonnement. . . . 4 ,500 d'orge.   } 7 kilogr. de paille.
En marche . . . . . . 5 d'orge.

Remonte des officiers.

Les officiers, quel que soit leur grade, se remontent à titre onéreux. Ils reçoivent à cet effet une indemnité annuelle dite *in-*

dennità cavalli. L'État fait aux officiers l'avance de la somme nécessaire à l'achat d'une monture et se rembourse au moyen de retenues sur l'indemnité.

Cette indemnité est payée aux officiers avec leur solde mensuelle (Loi sur la solde du 5 juillet 1892). Voici quels sont, suivant le grade et l'arme, les taux de l'indemnité:

Officiers généraux, aides de camp et officiers d'ordonnance [1]. . . . . 600^f
Officiers de cavalerie et d'état-major. 400
Officiers d'artillerie et du génie 340
Officiers d'infanterie 280

Les officiers qui se remontent dans le commerce ont la jouissance entière de l'indemnité; elle est retenue, jusqu'à concurrence du prix d'achat du cheval, à ceux qui se remontent dans le rang ainsi qu'aux officiers qui, ayant droit aux rations de fourrage, ne possèdent pas de cheval.

Quand un officier est démonté, son indemnité retenue sert à constituer une masse individuelle de remonte, jusqu'à concurrence de 2,000 fr. pour les officiers généraux, 1.500 fr. pour les officiers qui perçoivent l'indemnité de 400 fr. et au-dessus, 1,200 fr. pour ceux qui ont droit à l'indemnité de 340 fr. et 1,000 fr. pour ceux qui perçoivent celle de 280 fr. Quand les retenues ont atteint ces différents chiffres les officiers touchent de nouveau leur indemnité.

Quand un officier se remonte pour la première fois, ou quand il recouvre après l'avoir perdu le droit aux rations de fourrage, et qu'il achète un cheval provenant de la remonte, l'État le crédite d'une somme de 2,200 à 1,800 fr., s'il est officier général ou appartient à la cavalerie ou à l'état-major. Les autres catégories d'officiers peuvent recevoir une avance de 1,600 ou 1,200 fr. suivant le taux de l'indemnité qu'ils touchent.

Le commerce offrant peu de ressources pour la remonte des officiers, l'État autorise ceux-ci à exercer leur choix dans les chevaux de tête affectés à l'école de Pignerol et aux régiments. Ces

---

1. Les officiers d'ordonnance sont souvent du grade de lieutenant. Leurs fonctions durent 2 ans, il faut donc qu'on les mette en mesure d'acheter un cheval de 1,200 fr.

chevaux dits chevaux d'*agevolezza* ou de faveur forment des catégories à part.

La catégorie dite *spéciale* comprend des chevaux de l'école de Pignerol destinés à la remonte des officiers généraux, des colonels commandants des brigades, des commandants de régiments de cavalerie ou d'artillerie. Le prix moyen de ces chevaux est de 1,800 fr. environ. Dans le commerce, on les paierait 2,500 fr. au moins. C'est donc un avantage sérieux que fait l'État en livrant des chevaux d'un très beau modèle, complètement dressés. Ces chevaux ont subi 2 ans de dressage. Grâce à cette mesure, l'école de Pignerol renouvelle constamment ses reprises et se trouve toujours en mesure de faire monter par les élèves des chevaux neufs. Presque tous les officiers généraux ou supérieurs qui ont le droit d'exercer leur choix dans la *catégorie spéciale* usent de ce droit.

Dans les corps, les chevaux destinés à la remonte des officiers sont répartis en trois catégories :

La 1re catégorie comprend des chevaux de choix ayant une taille supérieure à 1^m,54 et destinés à la remonte des colonels, des lieutenants-colonels de toutes armes, des officiers d'état-major, de cavalerie et d'artillerie de campagne.

La 2e catégorie se compose de chevaux de 1^m,50 à 1^m,55 destinés à la remonte des officiers supérieurs d'infanterie, des aides de camp et officiers d'ordonnance, des officiers d'artillerie et du génie.

La 3e catégorie comprend les chevaux de 1^m,48 et au-dessous ; elle est réservée aux officiers d'infanterie, aux médecins et en général à tous ceux qui ne sont pas mentionnés plus haut.

Les officiers de carabiniers doivent se remonter exclusivement dans le commerce. Chaque année, les chefs de corps adressent au ministre un état des officiers demandant à se remonter dans le rang. Ils indiquent la catégorie dans laquelle l'officier désire exercer son choix, le débet à la masse de remonte, le nombre de chevaux possédé par l'officier, la date de la livraison du dernier cheval d'*agevolezza*.

Les chevaux des 3 catégories mentionnées ci-dessus sont choisis dans les régiments de cavalerie par une commission dont les membres sont désignés par le général de brigade. Elle comprend le président, un officier supérieur, un vétérinaire et deux officiers subalternes choisis parmi ceux qui demandent à se remonter.

Les chevaux affectés depuis plus d'un an à des sous-officiers ne peuvent leur être enlevés sans leur consentement.

Le ministre désigne le nombre des animaux à classer dans les catégories ainsi que leur prix. Jusqu'à 8 ans le cheval est distribué au prix d'achat de la remonte ; à partir de 8 ans la commission peut réduire ce prix jusqu'à concurrence de 100 fr. par annuité.

La date de la distribution des chevaux est fixée par décision ministérielle insérée au *Journal militaire*. Les colonels sont informés des autorisations de remonte accordées à leurs subordonnés.

La distribution des chevaux a lieu généralement en octobre ou novembre. Dans chaque catégorie, les chevaux sont répartis par tirage au sort.

Les échanges entre officiers sont permis à condition que les animaux échangés proviennent de la même catégorie.

L'officier paie 10 fr. au cavalier qui a eu son cheval en consigne. Il s'acquitte envers le Trésor soit au moyen d'un versement volontaire, soit par une retenue sur son indemnité.

L'officier peut rendre son cheval 40 jours après l'avoir reçu. Si le cheval meurt avant ce délai, son prix est remboursé à la masse de l'officier.

Le cheval d'*agevolezza* ne peut être vendu dans le commerce que lorsque l'officier en est détenteur depuis plus de 4 ans. Si le cheval est impropre au service de l'arme, sa réforme est prononcée et l'officier le vend à son gré.

Quand un officier pourvu d'un cheval d'*agevolezza* quitte le service, il s'acquitte envers le Trésor, si sa masse est en débet ou réintègre le cheval.

Les chevaux peuvent être réintégrés aux corps, s'ils ont moins de 12 ans. Les chevaux de la catégorie spéciale sont rétrocédés à l'école de Pignerol s'ils ont moins de 13 ans. Le prix de ces chevaux est fixé par le conseil d'administration intéressé.

Le débet d'un officier décédé est payé par ses héritiers.

Les officiers peuvent, avec l'autorisation du ministre, céder à l'État les chevaux provenant du commerce, dont ils sont détenteurs.

Le sous-officier promu sous-lieutenant a un crédit de 2,400 fr. et peut obtenir deux chevaux d'*agevolezza*.

Les officiers se remontant dans le commerce peuvent, sur leur demande, obtenir une avance de 2,000 fr., 1,500 fr., 1,200 fr., 1,000 fr., suivant le taux de l'indemnité à laquelle ils ont droit.

L'avance est subordonnée à trois conditions : 1° l'acceptation du cheval par le corps intéressé; 2° le cheval ne doit être payé qu'au bout de 20 jours de possession; 3° l'avance ajoutée au débet ne doit pas dépasser le maximum fixé pour chaque catégorie.

Les élèves de l'école de Modène demandant à servir dans la cavalerie doivent arriver à l'école de Pignerol munis d'une somme de 4,000 fr. S'ils sont possesseurs de deux chevaux qui soient acceptés comme montures d'officiers par l'école, la somme de 4,000 fr. leur est laissée.

Les sous-lieutenants élèves non pourvus de chevaux sont remontés dans une catégorie de chevaux de tête dits *chevaux de remonte spéciale,* dont le prix d'achat est en moyenne de 2,000 fr.

Tableau des rations auxquelles ont droit les officiers.

OFFICIERS GÉNÉRAUX.

Général d'armée. . . 6 — Les lieutenants-généraux commandant un corps d'armée, le chef d'état-major de l'armée, le 1er aide de camp du roi ont droit à 6 chevaux.

Lieutenant-général. . 5

Général-major. . . . 4 — Les généraux-majors commandant une division, les généraux-majors commandant une brigade de cavalerie, les aides de camp du roi ont droit à 5 rations.

OFFICIERS SUPÉRIEURS.

	Carabiniers.	Infanterie.	Cavalerie.	Artillerie de campagne.	Artillerie de forteresse et génie.
Colonel	3	3	4	4	3
Lieutenant-colonel . .	3	2	3	3	2
Major	3	2	3	3	2

Les colonels d'artillerie ou d'infanterie ne commandant pas un régiment ont droit à 2 rations.

Les lieutenants-colonels commandant un régiment de cavalerie ou ceux qui sont chefs d'état-major ont droit à 4 rations.

OFFICIERS SUBALTERNES.

	Cara-biniers.	Infan-terie.	Cava-lerie.	Artillerie de campagne, train du génie.	Artillerie de forteresse et génie.
Capitaine	2	»	3	2	1
Lieutenant	2	»	2	2	»
Sous-lieutenant . . .	2	»	2	2	»

Les capitaines ou lieutenants adjudants-majors d'infanterie ont droit à une ration.

Les officiers de cavalerie, qui se recrutent dans les classes les plus riches de la société, sont en général très bien montés : ils achètent dans le commerce des chevaux de pur sang, qu'ils paient souvent très cher. Un grand nombre d'officiers prennent part avec succès aux courses de gentlemen ou aux militarys. Tous les ministres de la guerre, qui se sont succédé depuis 20 ans, ont cherché à propager le goût du sport. Le général Bertolé Viale a institué pour les militarys le prix du ministère de la guerre, qui est souvent un objet d'art de grande valeur. En 1888, le ministre voulant faciliter aux officiers l'acquisition de chevaux de pur sang, en fit acheter un grand nombre. Ces chevaux, réunis à Milan, furent mis à la disposition des officiers de cavalerie qui en faisaient la demande. Le prix était relativement peu élevé : 2,200 fr. pour des chevaux de 4 ans, parfaitement nets, et ayant une taille de 1^m,54 à 1^m,60.

Les officiers d'artillerie exercent en général leur choix dans les chevaux d'*agevolezza,* qui sont assez communs d'aspect. Quelques jeunes officiers de cette arme apprécient beaucoup le cheval anglais, et remportent de brillants succès aux courses. La remonte des autres catégories d'officiers est des plus médiocres.

Réquisition des chevaux.

Le règlement du 3 mai 1882 donne les dispositions de détail que comporte l'application de la loi du 1er octobre 1873 sur la réquisition.

Les chevaux et mulets reconnus aptes au service de guerre sont soumis à la réquisition en cas de mobilisation.

Chaque année le recensement est fait au mois de janvier; le ministre de la guerre répartit par province le contingent de chevaux à réquisitionner. Le préfet fait un état de répartition par commune du contingent assigné à la province et envoie cet état au ministre.

Les commissions de classement chargées de voir les chevaux se composent d'un officier président et de deux membres civils désignés l'un par le général de division, l'autre par le préfet. Le maire assiste aux opérations de la commission ainsi que le lieutenant de carabiniers de l'arrondissement. Des affiches préviennent les habitants du jour du passage de la commission.

Les animaux non présentés sont inscrits comme bons pour le service.

L'état des chevaux reconnus bons est établi en trois expéditions : pour le ministre, pour le préfet et pour le maire.

En cas de guerre les réquisitions sont faites par les soins des commandants territoriaux (commandants de districts). Les commissions de réquisition se composent de deux membres, un officier de carabiniers, membre militaire ayant voix prépondérante, et un membre civil. Un matériel spécial est déposé dans les localités où la commission doit se transporter. Des instructions cachetées sont remises à l'officier président.

Des détachements de conducteurs appartenant à la milice mobile sont chargés de conduire les animaux requis aux corps ou services destinataires. Si une commune ne fournit pas le contingent d'animaux qui lui est imposé, elle est frappée d'une amende de 300 fr. par cheval.

Les ânes et les bœufs peuvent être réquisitionnés. Il est probable qu'en cas de mobilisation générale l'Italie devra les utiliser pour atteler les convois.

Nous avons pu constater que les commissions acceptent tous les animaux à peu près valides, sans se préoccuper de leur taille. En Sardaigne, les petits chevaux de 1ᵐ,20 à 1ᵐ,30 sont classés bons. Le classement n'est jamais à jour, cette opération très coûteuse n'étant pas faite tous les ans. Le travail des commissions de réquisition comprendra donc en réalité l'examen des chevaux présentés, leur classement et l'achat.

Les animaux requis sont payés d'après leur valeur normale. Il n'est pas tenu compte, dans la fixation du prix, de la plus-value résultant de la mobilisation. Trois experts apprécient la valeur du cheval ; on prend la moyenne des trois chiffres. Le membre civil peut exiger que le prix soit élevé jusqu'à un maximum fixé par les instructions secrètes remises à la commission.

Ces marchandages ne sont pas de nature à accélérer l'opération de la réquisition.

CHAPITRE IV.

L'OFFICIER EN ITALIE.

« *Tali son le truppe, quali sono gli ufficiali* — tels sont les officiers « telle sera la troupe. Si le chef est à la hauteur de la mission élevée « qui lui incombe, s'il unit le savoir, l'activité et la persévérance à « cet esprit chevaleresque qui fait passer l'honneur et le devoir « avant le bien-être, il fera bientôt partager ses sentiments à la « troupe qu'il commande : le soldat s'inspire toujours des exem- « ples de ses chefs et règle son attitude sur la leur. » C'est en ces termes que le règlement sur le service intérieur de la cavalerie italienne définit le rôle de l'officier : pour que l'idéal tracé dans ces quelques lignes soit réalisé, il faut que l'officier soit doué au plus haut point des qualités de l'intelligence, du cœur et du caractère, qui donnent à un homme de l'ascendant sur les autres hommes ; il faut qu'il appartienne à l'élite de la nation.

En Allemagne, la considération dont la carrière militaire est entourée, les privilèges, les avantages matériels de toute nature ont valu au corps d'officiers une composition exceptionnelle. En est-il de même en Italie ? Telle est la question que nous allons examiner.

Recrutement des officiers.

Les officiers italiens se recrutent parmi les sous-officiers qui ont suivi avec succès les cours théoriques et pratiques de l'école de Caserte et parmi les élèves des écoles militaires supérieures (Modène pour la cavalerie et l'infanterie, l'Académie militaire de Turin pour les armes spéciales). Les sous-officiers sont admis à l'école de Caserte au concours. Ils doivent avoir accompli deux années de grade de sergent, c'est-à-dire avoir au minimum 3 ans et demi de service. La durée des cours de l'école est de 2 ans : dans ces conditions, on voit que les sous-officiers n'arrivent guère à l'épaulette qu'à 7 ou 8 ans de service en moyenne.

Ils ont droit au tiers des vacances de sous-lieutenant; les deux autres tiers sont réservés aux élèves des écoles militaires.

A Caserte, on tient compte des connaissances que les élèves ont acquises dans la pratique du métier ; aussi revoit-on très rapidement les éléments pour aborder l'école de peloton, l'école d'escadron et l'école de régiment. Une partie notable du temps est consacrée aux reprises d'équitation et au dressage.

Les cours ont pour objet de compléter les connaissances générales dont les élèves ont donné les preuves lors de l'examen d'admission. On insiste tout particulièrement sur la rédaction et le style militaire. La topographie, l'histoire et l'art militaire, la géographie, l'emploi des explosifs, sont l'objet de leçons très détaillées. On donne également quelques notions de fortification, d'artillerie et le français est enseigné à l'école.

A leur sortie, les élèves de Caserte sont promus sous-lieutenants et envoyés directement dans les corps : leur éducation théorique et pratique est en effet complète.

Les conditions d'admission à l'école de Modène sont à peu près celles de notre programme d'admission à Saint-Cyr : les connaissances scientifiques exigées des candidats sont celles de la classe de mathématiques élémentaires, toutefois les épreuves littéraires sont moins nombreuses qu'en France.

. La préparation aux écoles se fait dans des établissements spéciaux relevant du ministère de la guerre et appelés *convitti nazionali militari*. La durée des cours dans ces collèges militaires est de cinq années : on n'y enseigne pas le latin, mais on s'attache plus spécialement aux branches de l'enseignement qui sont la base des sciences militaires. Les élèves reçoivent un commencement d'éducation militaire ; la gymnastique, l'escrime et l'équitation sont obligatoires dans ces établissements, où la discipline est très paternelle. Le brillant uniforme des collèges militaires frappe l'esprit de beaucoup d'enfants et en attire certainement un très grand nombre à l'armée. Les études n'ont pas un caractère exclusivement technique ; les élèves des collèges militaires qui, à la fin de leurs études, ne désirent pas se présenter aux examens d'admission à l'école de Modène, peuvent suivre la carrière de leur choix et sont en mesure de concourir avec les élèves des établissements relevant de l'Université. Il est question de supprimer les collèges militaires, ou tout au moins de les rendre au ministère de l'instruction publique [1].

L'école de Modène est une école mixte servant au recrutement des officiers de cavalerie et d'infanterie. De 1375 à 1882, les candidats cavaliers étaient réunis pour tous les exercices à leurs camarades de l'infanterie ; ils apprenaient théoriquement et pratiquement les règlements de cette arme, et quand, après deux années d'études, ils obtenaient l'épaulette, ils allaient à l'école normale de Pignerol pour apprendre les *éléments du métier de cavalier*.

En 1883, le général Corvetto, commandant l'école, obtint que, dès la deuxième année, les candidats cavaliers fussent mis à part pour apprendre l'équitation et le maniement de la lance, de la carabine et du sabre. On mit aussi entre leurs mains les règlements de la cavalerie. Pour les cours communs à toutes les armes, les cavaliers étaient réunis aux fantassins. C'était déjà un progrès sensible.

Aujourd'hui, la durée des cours à l'école de Modène est de trois années. Les sous-lieutenants qui en sortent montent vigoureusement à cheval, mais suivraient avec plus de fruit les cours de l'école de Pignerol, s'ils avaient une connaissance plus complète du métier. Aussi les officiers de cavalerie demandent-ils que les élèves de Modène soient, dès leur entrée, mis en demeure de choisir leur arme. Les aspirants-cavaliers pourraient aborder immédiatement l'école du cavalier : au cours de la troisième année, ils rempliraient les fonctions d'officier à l'école d'escadron, à l'école de régiment et au service en campagne. Dans ces conditions, Pignerol serait une véritable école de perfectionnement et d'appli-

---

1. La Chambre, consultée sur la suppression des collèges militaires, vient de les maintenir, — les programmes d'étude seront sans doute remaniés ; ces écoles seront réorganisées, mais non supprimées par mesure budgétaire.

cation. Ces réformes, regardées comme nécessaires, ne seront pas réalisées de longtemps, faute d'argent.

L'école normale de Pignerol, où les sous-lieutenants provenant de Modène vont terminer leur éducation militaire, est située dans une contrée montagneuse ; la pratique de l'équitation d'extérieur y est tout au moins difficile. Les beaux terrains de cavalerie abondent cependant en Italie : dans les environs de Rome, de Pise, de Gallarate, de Pordenone, il serait aisé de créer la plus belle école de cavalerie du monde. Dans aucune autre contrée de l'Europe on ne trouverait en effet des terrains plus propres à l'équitation de chasse et de course. Aussi les Italiens semblent-ils considérer le maintien de l'école normale de cavalerie à Pignerol comme provisoire. On s'est contenté d'entretenir les bâtiments, qui n'ont plus une extension en rapport avec les nécessités du service.

« On est frappé de la simplicité vraiment rudimentaire de cet établissement ; le casernement, les écuries, les manèges sont des plus médiocres. Le plus grand de ces derniers, qui sont au nombre de trois, mesure à peine 60 mètres de long sur 20 mètres de large ; les deux autres sont beaucoup plus petits. En somme, on s'imaginerait volontiers qu'on visite un vieux quartier de cavalerie et non des plus brillants. Entre notre école de Saumur et celle de Pignerol, il y a vraiment la différence d'un château à une ferme [1]. »

Le personnel très restreint, strictement mesuré aux besoins de l'école, comporte 16 à 18 officiers : un lieutenant-colonel commandant l'école, un major directeur du travail militaire, un écuyer en chef civil, six à huit capitaines et autant de lieutenants instructeurs.

Les élèves se divisent en trois cours :

1° Un cours de lieutenants ou cours magistral d'équitation. — Ces officiers, au nombre de 12, sont désignés à raison de un par deux régiments.

Autrefois les lieutenants qui sortaient de l'école après avoir suivi le cours magistral et obtenu le brevet de maîtres d'équitation, en retiraient quelques avantages ; ce n'est plus aujourd'hui qu'une satisfaction morale.

---

1. *L'Armée et la cavalerie italiennes,* par A. A.

·2° *Un cours de sous-lieutenants* sortant de l'école de Modène, divisé en quatre reprises de 18 à 20 élèves.

Ces jeunes gens sont dans une situation exactement semblable à celle de nos officiers de cavalerie qui, sortant de Saint-Cyr, vont passer une année à Saumur. En France, on a jugé à propos depuis 2 ou 3 ans d'envoyer directement les Saint-Cyriens dans les corps et de ne leur faire passer une année à Saumur qu'après un an d'exercice du grade de sous-lieutenant. En l'état actuel des choses, cette mesure, excellente d'ailleurs, ne pourrait s'appliquer en Italie : les jeunes officiers sortant de Modène n'auraient pas une instruction militaire suffisante pour prendre, dès leur sortie de l'école, leur place dans un escadron.

3° Un cours de sous-officiers proposés pour sous-officiers instructeurs d'équitation.

Ces sous-officiers proviennent des armes à cheval; ils ont 3 ans de service. Ils sont divisés en deux reprises de 20 élèves. En fin d'année, les uns retournent à leurs corps pour y exercer les fonctions d'instructeurs d'équitation et être employés au dressage. Les meilleurs restent à l'école pendant une deuxième année et forment :

4° Le cours des sous-officiers proposés pour officiers instructeurs d'é-quitation.

Ces sous-officiers, au nombre d'une vingtaine environ, ont une situation correspondante à celle de nos sous-maîtres de manège. C'est parmi eux que se recrutent les officiers instructeurs d'équitation qui restent à l'école ou sont envoyés dans les régiments d'artillerie. Il ne faut pas confondre le titre de *maître d'équitation* obtenu en fin de cours par les lieutenants de cavalerie avec celui *d'instructeur d'équitation* que portent, lorsqu'ils sont nommés officiers, les sous-officiers du cours magistral. Les premiers correspondent à nos capitaines instructeurs et les seconds à nos écuyers. Mais ce dernier titre n'implique pas la considération qui, en France, y est attachée. Les instructeurs d'équitation proviennent tous du rang : ils sont envoyés dans les régiments d'artillerie, dans les dépôts d'étalons ou restent à l'école. Ils passent toute leur existence dans cette situation, qui est une spécialité. Ils concourent entre eux pour l'avancement et ne dépassent pas en général le grade de capitaine.

En somme, il y a à l'école de Pignerol 150 à 160 élèves répartis en huit reprises :

Une reprise de lieutenants du cours magistral ;

Quatre reprises de sous-lieutenants ;

Deux reprises de sous-officiers de première année ;

Une reprise de sous-officiers de deuxième année ou du cours magistral.

Tous les élèves montent à deux reprises, en dehors du travail d'armes. En outre, les lieutenants et les sous-officiers du cours magistral ont des reprises supplémentaires pour le dressage des chevaux destinés à la remonte des officiers généraux et à celle des sous-lieutenants à leur sortie de l'école. Au total, il y a une vingtaine de reprises par jour. Si on considère que les cadres de l'école ont, en outre, des reprises particulières et qu'ils dirigent le travail d'armes et les théories, on se rend facilement compte que les instructeurs de Pignerol sont occupés presque sans interruption de 6 heures du matin à 6 heures du soir.

L'école entretient 400 à 450 chevaux répartis en plusieurs catégories suivant les services qu'ils sont appelés à rendre.

La première catégorie est celle des chevaux destinés à la remonte des officiers généraux. Ces chevaux, au nombre d'une quarantaine environ, sont à peu près tous de provenance allemande. Ils ont de la taille et des lignes, mais sont un peu lourds. 150 chevaux forment une deuxième catégorie destinée à la remonte des sous-lieutenants élèves. On trouve parmi eux quelques chevaux de provenance étrangère, mais le plus grand nombre sont choisis parmi les meilleurs sujets fournis par les dépôts d'élevage.

En dehors des chevaux du cadre, l'école entretient 250 chevaux environ provenant de l'élevage national, principalement des Maremmes.

Enfin, une reprise dite *des chevaux noirs de Grosseto* remplace la reprise des chevaux d'écuyers de Saumur. Les chevaux de pur sang sont en très petit nombre à l'école, où jusqu'à ces dernières années on enseignait une équitation de manège très arriérée. Mais depuis quelque temps une réaction s'est produite : un *esprit nou-*

vcau anime la cavalerie italienne dont les officiers commencent à pratiquer l'équitation de chasse et de course.

Un *cours complémentaire d'équitation* institué à **Tor di Quinto,** aux environs de Rome, sous la direction d'un éminent sportsman, le marquis de Roccagiovine, réunit les officiers les mieux notés du cours magistral de Pignerol. Les résultats obtenus ont été si bons que Pignerol devra réformer ses vieilles méthodes et prendre enfin la direction du mouvement.

Avancement des officiers.

L'avancement a lieu concurremment au choix et à l'ancienneté jusqu'au grade de major. Un cinquième des places de lieutenant, un tiers des places de capitaine et la moitié des places de major sont réservées au tour du choix. A partir du grade de major, l'avancement n'a plus lieu qu'au choix.

Pour obtenir de l'avancement, les sous-lieutenants doivent avoir au minimum deux années révolues de grade, — les lieutenants deux années également, — les capitaines quatre années, — les majors trois années, — les lieutenants-colonels deux années. Pour être nommé aux grades supérieurs à celui de colonel, il faut avoir exercé pendant trois ans au moins les fonctions du grade précédent. En campagne, l'ancienneté exigée des candidats à l'avancement est réduite de moitié. Il n'est dérogé aux règles spécifiées ci-dessus que dans le cas où l'officier, objet d'une proposition, s'est signalé et a été mis à l'ordre du jour de l'armée, ou encore quand, en présence de l'ennemi, on doit combler les vacances et qu'il est impossible d'observer les prescriptions de la loi.

L'aptitude des officiers à l'avancement est constatée dans des notes dites *specchi caratteristici* établies tous les trois ans par les chefs de corps assistés des officiers supérieurs pour les officiers subalternes et les lieutenants. Ces notes sont visées par les commandants de brigade, de corps d'armée et par l'inspecteur général de l'arme.

Les sous-lieutenants de cavalerie doivent suivre à l'école centrale de tir d'infanterie de Parme un cours spécial d'instruction avant d'être promus lieutenants.

L'avancement dans la cavalerie, comme du reste dans l'infanterie, est accaparé en partie par l'état-major, qui forme un corps fermé accessible cependant à tous les officiers de l'armée.

L'état-major se recrute parmi les capitaines de toutes armes qui, ayant suivi les cours de l'École de guerre et ayant accompli un stage de six mois au commandement du corps d'état-major, ont été déclarés aptes à ce service. Mais ils ne sont appelés dans le corps d'état-major qu'après avoir exercé d'une façon irréprochable le commandement d'un escadron, d'une compagnie ou d'une batterie pendant un an au moins.

Les capitaines d'état-major qui n'ont pas démérité sont promus au choix majors dans l'infanterie ou la cavalerie (suivant leur arme d'origine) dès qu'ils entrent dans le premier cinquième de la liste d'ancienneté des capitaines d'infanterie. C'est donc l'ancienneté de cette dernière arme qui sert de base. Ces dispositions semblent à première vue un peu compliquées ; elles sont cependant assez judicieuses : elles ont pour objet de conférer un avantage certain aux officiers d'état-major dans une armée où l'avancement a lieu d'après le principe de l'ancienneté par sélection.

Les majors d'état-major sont promus lieutenants-colonels directement dans le corps, ou bien sont placés dans l'infanterie ou la cavalerie. On se réserve ce moyen de sélection pour ne garder dans le corps que ceux qui sont le plus aptes au service d'état-major. La promotion au grade de colonel a lieu dans des conditions identiques, soit directement dans le corps d'état-major, soit dans l'infanterie ou la cavalerie. En temps de paix, les colonels d'état-major ne peuvent être nommés généraux que s'ils ont exercé pendant trois ans le commandement d'un régiment, sauf les exceptions motivées par de graves exigences de service.

En temps de guerre, les dispositions relatives au passage des officiers du corps d'état-major dans l'infanterie ou la cavalerie et réciproquement n'existent pas : les officiers d'état-major sont alors recrutés parmi les officiers de toutes armes en tenant compte de leur capacité.

Les majors et les lieutenants-colonels du corps d'état-major concourent pour l'avancement avec les officiers de même grade et de même ancienneté appartenant à celle des deux armes (infanterie ou cavalerie) qui est éventuellement la plus favorisée. Ils sont certains, par conséquent, de conserver l'avance que leur a procurée leur promotion rapide au grade de major.

En résumé, tout officier de cavalerie qui veut avoir une carrière rapide doit entrer dans le service d'état-major.

Ces dispositions donnent lieu à de nombreuses critiques. Un officier de chevau-légers des plus brillants les résumait un jour en notre présence à peu près textuellement dans ces termes :

« Il n'y a entre le service de l'officier de cavalerie qui exige de « la vigueur physique, de l'entrain en même temps que du com- « mandement et le service d'état-major *en temps de paix* aucune « espèce de rapport. En temps de paix, l'officier d'état-major, « chargé d'instruire toutes les affaires qui incombent au comman- « dement, chargé également de tous les détails qui de près ou de « loin ont trait à la préparation de la guerre, fait forcément un « service de bureau.

« L'officier de cavalerie doit, de son côté, être toute la journée « en selle, entraîner sa troupe, s'entraîner lui-même et pratiquer « tous les sports militaires. C'est pour lui *un devoir professionnel* « difficile à concilier avec l'étude acharnée.

« Or, la loi actuelle met l'officier vigoureux et énergique, qui a « souci de son avenir, dans la nécessité absolue d'entrer dans ce « service sédentaire, pour lequel il n'a généralement aucun goût.

« La part faite dans l'avancement au choix aux officiers des corps « de troupe est vraiment trop minime. Les services rendus dans « les régiments ne valent-ils pas ceux qu'on peut rendre dans l'é- « tat-major ?..... »

A quelque temps de là, le hasard nous ayant fait rencontrer à Milan un officier d'état-major provenant de la cavalerie, nous avons amené la conversation sur la question de l'avancement. Voici comment il a répondu aux griefs émis par notre précédent interlocuteur :

« Les services rendus *en temps de paix* dans les corps de troupes « valent assurément ceux qu'on peut rendre dans un état-major. « Mais l'avancement au choix n'est pas fait uniquement pour ré- « compenser les services rendus. Il a surtout pour objet de favori- « ser *dans l'intérêt général* la carrière des officiers qui sont les

« mieux doués sous le rapport de l'intelligence et du caractère.
« Or, le recrutement de l'état-major est entouré de toutes les ga-
« ranties possibles. Pour être candidat à l'École de guerre, il faut
« être noté comme un excellent officier de troupe ; les qualités du
« caractère surtout sont l'objet de remarques très détaillées des
« chefs hiérarchiques de l'officier. Ses connaissances et son juge-
« ment sont appréciés dans un examen, où, en raison même du
« nombre des épreuves, la part laissée au hasard est aussi minime
« que possible. En temps de paix, l'appréciation sur les officiers
« ne peut être basée que sur leurs notes et les preuves de savoir
« qu'ils montrent dans un examen.

« Tout officier bien noté étant admis à se présenter, le nombre
« des concurrents est forcément très grand. Le corps d'état-major
« est donc bien réellement l'élite des officiers de l'armée. Les sé-
« lections pratiquées constamment par l'élimination des officiers
« fatigués lui maintiennent en tout temps ce caractère. »

Nous avons laissé la parole à deux officiers représentant dans
cette question de l'avancement les intérêts directement opposés.
Nous allons citer encore sur le même sujet l'opinion du général
Marselli, dont la haute autorité est reconnue par tous en Italie.

Après avoir rappelé que, devant les réclamations presque una-
nimes du corps d'officiers, les avantages primitivement octroyés à
l'état-major avaient été réduits dans une proportion sensible, le
général constate que les privilèges laissés par la loi actuelle aux
officiers d'état-major suscitent encore beaucoup de jalousies :
« Faut-il pour cela, dit-il, supprimer l'École de guerre ? Jamais
ceux, qui ont le pouvoir en main ne s'y résoudront, s'ils ont à cœur
l'avenir de l'armée. Supposons que pour donner satisfaction aux
mécontents, le ministre de la guerre demandât la solution de cette
question tant controversée de l'avancement à des mesures radi-
cales telles que la suppression du choix, la destruction de l'École
de guerre et la transformation du corps d'état-major. Qu'arrivera-
t-il ? Les meilleurs officiers découragés se plaindront à leur tour
en disant : A quoi bon avoir de l'intelligence et du caractère,
pourquoi travailler, si le travail n'est pas récompensé, si l'igno-
rance et la paresse ont tous les droits, si les généraux arrivant à
l'ancienneté n'occupent les hauts commandements qu'à un âge

avancé?.... Aux peuples latins bien plus qu'aux peuples du Nord, il faut des généraux jeunes. »

Les opinions différentes que nous venons de citer font bien ressortir les critiques auxquelles donne lieu le mode d'avancement pratiqué en Italie et les raisons qui semblent militer en faveur de l'état de choses actuel.

Nous allons dire maintenant deux mots sur l'organisation de l'École de guerre.

Les capitaines et lieutenants de toutes armes ayant quatre ans de service au moins sont admis à se présenter. Ils doivent au préalable suivre un cours préparatoire institué à Bologne et dont la durée est de quatre mois. Ils ne sont admis à suivre ce cours qu'après avoir passé un *examen d'aptitude* sur les connaissances militaires. Un deuxième examen, qui porte sur les connaissances générales et en particulier les *mathématiques*, décide de l'admission.

La durée des cours est de trois années pendant lesquelles on élimine un certain nombre d'officiers.

État des officiers.

L'officier a la propriété de son grade ; il ne peut le perdre que par démission ou révocation à la suite de fautes graves commises contre l'honneur ou le devoir militaire.

L'officier peut perdre son emploi, il est alors placé dans l'une des positions suivantes :

1° *La disponibilité.* — L'officier est privé momentanément de son emploi en raison de son état de santé (des infirmités ne provenant pas du service), — sur sa demande pour raisons de famille, — par suite du licenciement de son corps, — par suspension d'emploi, — par la situation de prisonnier de guerre (quand l'officier a dû être remplacé dans son emploi).

2° *La réforme.* — L'officier perd définitivement son emploi si son état de santé est à tout jamais compromis. Il reçoit une retraite proportionnelle.

3° *La position de service auxiliaire,* qui permet d'éliminer tous les officiers qui ont perdu les aptitudes requises pour le service actif.

Les officiers peuvent être placés d'office dans cette situation quand ils atteignent un certain âge fixé par le ministre pour chaque grade. Ceux qui, après deux propositions au choix, n'ont pas été mis au tableau peuvent également, sur leur demande, être mis en position de service auxiliaire.

Ils ont droit à la pension de retraite de leur grade ou à une pension proportionnelle majorée d'une indemnité annuelle allouée sur le budget de la guerre et qui est de 1,000 fr. pour les lieutenants-généraux, 600 fr. pour les majors généraux, 400 fr. pour les officiers supérieurs, 350 fr. pour les capitaines, 250 fr. pour les lieutenants et sous-lieutenants.

4° *La retraite* (*Giubilazione*). — Position des officiers qui quittent définitivement le service actif.

La solde des officiers est incessible et insaisissable : les officiers en disponibilité ont droit, s'ils sont officiers subalternes, aux trois cinquièmes de la solde ; s'ils sont de tout autre grade, à la moitié de la solde.

Les officiers en disponibilité par suite de suspension d'emploi ont droit seulement à la moitié de la solde s'ils sont officiers subalternes, aux deux cinquièmes pour tout autre grade.

Les officiers placés sur leur demande dans la disponibilité n'ont droit à aucun traitement.

Ceux qui sont réformés ou révoqués n'ont droit à aucune pension, s'ils n'ont au moins huit ans de service. On leur accorde, en les rayant des contrôles, un trimestre de solde.

Tout officier réformé ayant plus de huit ans de service et moins de vingt ans a droit, pendant un nombre d'années égal à la moitié de ses années de service, à un traitement de réforme qui est égal aux deux tiers du minimum de la pension de son grade. Au-dessus de 20 ans de service, ils reçoivent une pension proportionnelle.

La révocation n'est prononcée que sur l'avis d'un conseil de discipline convoqué par ordre du ministre. Les membres de ce conseil, au nombre de 5, sont pris d'après leur rang d'ancienneté. La composition varie suivant le grade de l'accusé.

L'officier intéressé a le droit de récuser l'un des membres du conseil de discipline sans donner aucun motif. Les parents ou alliés au 4e degré de cet officier sont de droit éliminés du conseil, de même que l'auteur de la plainte. Tous les documents concernant les faits reprochés sont communiqués à l'intéressé.

Le conseil de discipline entend l'officier et émet un avis d'après lequel le ministre prend une décision.

Retraites.

Ont droit à la retraite pour ancienneté de service : les officiers généraux et supérieurs après 30 ans de service, les autres officiers à 25 ans de service et les hommes de troupe à 20 ans de service.

Outre ces conditions, les généraux d'armée et les lieutenants-généraux doivent avoir 60 ans révolus, les majors généraux 55 ans, les officiers supérieurs 52 ans et les autres officiers 45 ans. Les conditions d'âge cessent d'être requises si l'officier est atteint d'infirmités qui le mettent hors d'état de servir.

La pension est calculée d'après la solde que l'officier obtenait pendant le trimestre qui a précédé sa mise à la retraite. Cette solde est considérée comme majorée de un dixième par période de 6 années de service. Si l'officier n'avait qu'un traitement de 4,000 francs, on le considère comme majoré de un cinquième.

Si la moyenne de la solde ne dépassait pas 2,000 fr., la pension est égale à un quarantième de cette solde multiplié par le nombre des années de service. Quand la solde était de plus de 2,000 fr., l'officier reçoit une retraite égale au quarantième de 2,000 fr. plus un soixantième de la partie du traitement excédant 2,000 fr., le tout multiplié par le nombre des années de service.

La pension ne peut descendre au-dessous de 140 fr. ni dépasser les quatre cinquièmes de la solde d'activité.

Le maximum de la pension des officiers est de 8,000 fr.

En raison des facilités de la vie qu'on trouve en Italie, l'officier retraité est dans une situation matérielle au moins égale à celle des officiers français.

Décorations.

Il existe en Italie cinq sortes de décorations.

L'une d'entre elles, *l'ordre militaire de Savoie*, est exclusivement destinée à récompenser les services militaires.

L'ordre le plus élevé est celui des *chevaliers de l'Annonciade*, fondé par Amédée VI en 1362. Les dignitaires, au nombre de 20, portent le titre de cousins du roi et ont le pas sur tous les hauts fonctionnaires du royaume.

L'ordre des Saints-Maurice-et-Lazare est destiné à récompenser tous les services rendus à l'État. Le roi en est le grand maître.

Voici la hiérarchie des dignitaires de cet ordre : grand-croix, grand-officier, commandeur, officier, chevalier.

Les généraux d'armée et les lieutenants-généraux ayant 8 ans de grade peuvent être nommés grands-croix, les autre slieutenants-généraux et les majors généraux ayant 10 ans de grade peuvent être faits grands-officiers ; les autres majors généraux et les colonels ayant 5 ans de grade peuvent être faits commandeurs. Les colonels ayant moins de 5 ans de grade et les lieutenants-colonels peuvent être nommés officiers ; les majors et les capitaines ayant 12 ans de grade peuvent être faits chevaliers.

La décoration donne droit aux honneurs militaires.

L'ordre militaire de Savoie, institué par Victor-Emmanuel Ier en 1815 et réorganisé par Victor-Emmanuel II à l'occasion de la guerre de Crimée, est la récompense des services exclusivement militaires.

La hiérarchie des dignitaires est la même que pour l'ordre précédent. Ils ont droit à un traitement qui est de 2,000 fr. pour le grand-croix, 1,500 fr. pour le grand-officier, 800 fr. pour le commandeur, 400 fr. pour l'officier et 250 fr. pour les chevaliers.

L'ordre de la Couronne d'Italie, créé en 1868 par Victor-Emmanuel II, est donné aux étrangers et aux Italiens qui se sont illustrés dans les arts et les sciences ou ont rendu au pays des services signalés. Les dignitaires ont la même hiérarchie que pour les ordres précédents.

L'ordre civil de Savoie est donné en général à toutes les illustrations et récompense les mérites les plus divers.

La médaille de Saint-Maurice du Mérite militaire est donnée aux titulaires de l'ordre des Saints-Maurice-et-Lazare qui ont accompli 50 années de service. Cette médaille est en or.

La médaille de Valeur militaire, instituée en 1833, récompense les actes de valeur accomplis par les militaires. Elle est suivant le cas

en or, en argent ou en bronze. Elle peut être obtenue par tous les
militaires, quel que soit leur grade. Un traitement annuel est
donné aux titulaires de cette décoration : 200 fr. pour la médaille
d'or et 100 fr. pour la médaille d'argent. Quand un militaire dé-
coré pour action d'éclat est mort avant la remise de la décoration,
celle-ci est donnée en souvenir à la famille.

Il y a encore *quelques autres décorations, que nous citons pour*
mémoire :

La médaille de valeur civile ;

La médaille du mérite sanitaire ;

La médaille commémorative des guerres d'indépendance ;

La médaille des Mille.

Le mariage des officiers.

Les officiers et assimilés ne peuvent se marier qu'avec l'autorisation du roi.

La dot réglementaire est constituée au moyen d'un capital dont
le revenu doit être de 2,000 fr. pour les lieutenants, 1,600 fr. pour
les capitaines, 1,200 fr. pour les officiers supérieurs ou pour les
officiers subalternes âgés de plus de 40 ans. Aucune dot n'est exigée pour la future d'un officier général.

Cette rente ne peut être aliénée. Le ménage a le droit d'en dis-
poser librement le jour où l'officier quitte le service. Tout officier
qui se marie sans autorisation s'expose à la révocation. Cette sanction de la loi du 31 juillet 1871 a paru sans doute trop draconienne,
aussi n'a-t-elle jamais été appliquée.

Un grand nombre d'officiers, voulant contracter des unions où
les conditions que nous venons d'exposer n'étaient pas remplies,
se sont mariés religieusement et ont omis la formalité du mariage
civil, éludant ainsi les prescriptions de la loi. Jusqu'à l'année dernière, ces situations avaient été tolérées ; mais le ministre Pelloux, voulant mettre fin à cet état de choses et contraindre les officiers à se conformer à la loi, a pris à l'égard de ceux d'entre eux
qui n'étaient pas en règle une mesure très rigoureuse : considérant
les officiers mariés religieusement, mais non civilement, comme
vivant en concubinage, il a donné des ordres très sévères pour les
forcer à se séparer de leurs femmes et cet ordre a été exécuté.

La coopération dans l'armée italienne.

Il nous reste à dire un mot sur la situation matérielle faite à l'officier.

Le chiffre de la solde est un peu moins élevé qu'en France, mais aussi les conditions de la vie sont bien différentes.

En raison du bon marché du logement, de la pension et du café, l'officier italien se trouve dans une situation assurément meilleure que ses camarades de France. La famille d'un officier a droit à une réduction de 50 p. 100 sur le tarif des chemins de fer. Dans la famille sont compris : la femme, les enfants, les frères et les sœurs de l'officier vivant avec lui, les nourrices et, suivant le grade, deux ou trois domestiques.

Le Gouvernement, ne pouvant augmenter les appointements des officiers, leur a du moins assuré des avantages matériels considérables, en organisant une société coopérative, qui leur fournit tous les objets de première nécessité à un prix très peu élevé. Il sera certainement intéressant pour nos lecteurs de connaître l'organisation et le fonctionnement de cette société, créée à l'imitation des coopératives anglaises ou allemandes.

L'*Unione militare* est une société coopérative de consommation et de crédit, *à capital social illimité*.

Peuvent faire partie de la Société :

a) Tous les officiers italiens des armées de terre ou de mer, en activité ou *en congé* (c'est-à-dire les officiers de milice mobile ou territoriale de complément, les officiers retraités) ;

b) Les élèves et les sous-officiers élèves des écoles militaires ;

c) Les cercles militaires, les bibliothèques et *les salons de réunion* des corps ;

d) Les ministères de la guerre et de la marine et les directions ou services qui en dépendent.

Les personnes étrangères à l'armée, employées dans la Société comme directeurs ou agents, sont d'obligation sociétaires actionnaires.

La Société se propose :

1° De créer des magasins susceptibles de fournir aux officiers des objets de *première qualité*, soit comme effets d'habillement ou d'équipement, militaires ou civils, soit comme objets d'usage domestique ; la vente se fait au prix le plus bas possible ;

2° De procurer le crédit aux sociétaires par l'exercice de la mutualité et de l'épargne ;

3° De fonder des ateliers pour fournir à des conditions avantageuses tous les objets de consommation possibles.

L'*Unione militare* comprend donc deux sections : l'une de *consommation*, l'autre de *crédit*, distinctes mais administrées par un même conseil. Ces deux sections ont chacune une caisse et un service particuliers et sont indépendantes l'une de l'autre au point de vue économique et au point de vue légal.

Le capital nécessaire pour leur fonctionnement se compose d'actions, qui valaient 50 fr. lors de l'émission. Le titre de chaque action est divisé en deux demi-actions de 25 fr. chacune, portant le timbre, l'une de la section de consommation, l'autre de la section de crédit.

Ces actions nominatives sont négociables comme tout autre titre, mais l'acquéreur nouveau doit être agréé par le conseil d'administration.

Un sociétaire ne peut souscrire plus de 100 actions. L'intérêt ne peut excéder 5 p. 100 du capital versé.

Chaque actionnaire est tenu au versement d'une taxe d'admission de 5 fr.

L'*Unione militare* comprend encore les sociétaires bienfaiteurs et les *aspirants-actionnaires*, qui, ayant fait un premier versement de 10 fr., laissent s'accumuler dans la caisse de la Société les parts de bénéfice proportionnelles à leurs achats qui leur sont attribuées. Ils deviennent actionnaires le jour où les sommes amassées de la sorte atteignent un chiffre suffisant pour leur permettre d'acheter une action. Les versements totaux ou mensuels sont reçus, pour les officiers en activité, par les officiers payeurs, pour les officiers en congé par le district militaire dont ils dépendent ou directement par la Société.

Les sociétaires bienfaiteurs (fondateurs de la Société) participent aux bénéfices comme les autres actionnaires. Au fur et à mesure que son fonctionnement le permet, la Société remet aux fondateurs un certain nombre d'actions. Le capital qu'ils ont avancé à fonds perdu se trouve de la sorte transformé et garanti.

Les sociétaires actionnaires sont responsables des obligations contractées par la Société dans la limite du nombre d'actions qu'ils ont souscrites. Ils sont propriétaires de leurs actions et ont droit à une part des bénéfices.

L'officier en réforme ou en retraite est seulement astreint à garder une action. Les officiers révoqués cessent de faire partie de la Société qui leur rembourse le montant de leurs actions. Le sociétaire participe aux dividendes une fois son action libérée. S'il ne réclame pas sa part dans un délai de six mois, celle-ci reste acquise à la Société.

Les aspirants-actionnaires font seulement un versement de 10 fr. La part de bénéfices qui leur revient, au prorata des achats, est portée à leur avoir jusqu'à concurrence de la valeur d'une action.

L'administration de chaque section comprend les organes suivants :

L'assemblée générale des sociétaires ;

Le conseil d'administration, composé de 9 conseillers ;

Le directeur général, représentant le pouvoir exécutif ;

Le comité des syndics, au nombre de trois, choisis parmi les sociétaires ;

Le comité des prud'hommes, également choisis parmi les sociétaires ;

Les directeurs d'un certain nombre de succursales, qui sont des officiers de l'armée permanente.

L'administration se charge des démarches nécessaires pour le mariage des officiers.

Un avocat est attaché à la Société comme conseil.

La *section de consommation,* qui possède à Rome un grand magasin central, vend aux officiers, au comptant, tous les objets qui leur sont nécessaires. Elle ouvre aux officiers en activité, s'ils le désirent, un crédit qui est de 300 fr. pour les officiers sociétaires non montés et 400 fr. pour les officiers montés. Le crédit est de 200 et 300 fr. pour les officiers non sociétaires.

Ils s'acquittent au moyen de retenues mensuelles et variant de

10 à 25 fr. suivant que la dette est inférieure à 100 fr. ou supérieure à 300 fr. Ils paient, en outre, une taxe d'intérêt fixée à 50 cent. pour les officiers subalternes, 80 cent. pour les capitaines, 1 fr. 20 c. pour les officiers supérieurs, 1 fr. 50 c. pour les officiers généraux. On voit d'après ces chiffres que l'officier a tout intérêt à user du maximum de son crédit.

La vente se fait au plus bas prix courant, c'est-à-dire au prix auquel les objets pourraient être vendus dans le commerce *avec un bénéfice raisonnable*. Ce système a été préféré à celui de la vente *au prix de revient*, parce qu'il permet aux officiers d'accumuler une épargne qui finit par atteindre un chiffre assez élevé. Voici, à ce sujet, quelques idées émises dans la conférence faite aux officiers lors de la création de la Société.

« Autre chose est un bénéfice de 10 cent., perçu tous les jours, autre chose un bénéfice de 3 fr. perçu au bout de trois mois. Il ne faudra qu'un acte de volonté pour économiser les 3 fr. Il en faudra quatre-vingt-dix pour économiser 10 cent. pendant trois mois. L'intelligence est complice de la volonté pour négliger les petites épargnes. On se dit : que ferai-je d'une économie de 10 cent. ? Bien que ce raisonnement soit pitoyable, on ne manque pas de le faire. »

La Société a suivi le système anglais et donné au public le droit d'acheter dans ses magasins afin de faciliter l'écoulement des marchandises et leur renouvellement fréquent.

La *section de crédit* est une banque dont le siège est à Rome et qui a des représentants dans tout le royaume.

Les opérations de cette banque consistent :

1º Vis-à-vis des officiers sociétaires seulement à prêter de l'argent ;

2º Vis-à-vis du public, à fournir des fonds contre dépôt de valeurs cotées, — à fonctionner comme caisse d'épargne, — à garder et administrer des valeurs, — à faire des recouvrements.

Le sociétaire qui désire emprunter doit être possesseur d'une action au moins. Le prêt est limité au double du montant des actions de l'emprunteur et ne peut dépasser ce montant de plus de 1,000 fr.

La demande de prêt doit être accompagnée d'un billet à ordre à trois mois de date, signé par le demandeur et contresigné par un autre sociétaire. L'intérêt exigé est fixé chaque année par le conseil d'administration.

En résumé, l'*Unione militare* assure aux officiers et à leurs familles un bien-être matériel considérable. L'officier momentanément gêné trouve à un taux convenable l'argent qui lui est nécessaire ; il n'est plus amené, comme autrefois, à contracter des dettes qui en s'accumulant finissaient par compromettre sa dignité et l'exposaient à des mesures disciplinaires.

Nous avons montré quelle situation était faite à l'officier italien par les lois et les règlements ; il nous reste maintenant à dire quelle est sa physionomie et quelle place il a su prendre dans la société.

L'éducation militaire de l'Italie s'est faite en trois fois : 1860, 1866 et 1870 sont des dates importantes marquant chacune une évolution complète dans les idées ; à chaque phase correspond un type d'officier différent. Avant 1860, la science du capitaine consistait à rassembler son escadron et à marcher à l'ennemi en criant : *En avant !* D'Azeglio nous dit avec raison qu'à cette époque les *brutes héroïques* étaient considérées comme d'excellents chefs. L'officier tapageur, querelleur, débauché, tenait alors l'étude en médiocre estime et consacrait tout son temps aux détails puérils du métier. Il vivait à part, ne subissant guère les influences extérieures : le chef croyait devoir employer avec ses subordonnés la rudesse du langage et la sévérité. En revanche, l'esprit de corps et la camaraderie étaient très développés : dans chaque régiment le corps d'officiers formait une vraie famille.

De 1860 à 1866, un commencement de réaction se produisit : tandis que la culture intellectuelle sortait un peu du discrédit, les officiers, prenant exemple sur leurs camarades français à côté desquels ils venaient de combattre, réformaient quelque peu leur manière d'être.

La campagne de 1866 fit voir quelle est dans le succès la part prépondérante de la pensée qui dirige et mit en évidence la suprématie de l'état-major. On passa alors d'un extrême à l'autre : l'ère des examens et des conférences commença en Italie. Le gé-

néral Marselli raconte l'histoire de ce vieux lieutenant-colonel indigné à la pensée de se voir sur la sellette et disant : « Plutôt que
d'accepter une humiliation semblable, j'aimerais mieux quitter le
service ! »

L'armée était alors divisée en deux camps : les examinateurs et
les examinés. En même temps, les officiers changeaient complètement d'allure et de langage : la distinction et la courtoisie furent
de mise, même au quartier, dans les relations de service. Le chef
se montrait plus bienveillant, presque paternel avec ses cavaliers.

Enfin, l'officier, attachant plus de prix à l'estime de ses concitoyens, cherchait à se créer des relations dans la société.

Les liens de sympathie qui unissaient la population civile aux
régiments se resserraient encore par de nombreuses unions, car
l'officier de la nouvelle école ne partageait pas au sujet du mariage
et de la vie de famille le dédain de ses devanciers.

La camaraderie et l'esprit de corps perdaient beaucoup dans cette
évolution. L'officier vit aujourd'hui comme il l'entend, fréquentant ceux de ses camarades qui lui plaisent. Il n'est pas astreint,
comme autrefois, à se joindre à eux pour les repas, ou à fréquenter
le même cercle.

Voici ce que dit à ce sujet le général Marselli :

« Je n'ai jamais été très partisan des tables obligatoires et des
« cercles purement militaires. Le contact continuel amène des
« froissements et des bavardages.

« Les officiers confinés toujours dans un milieu militaire sont ex
« posés à vivre dans un cercle d'idées étroit. Autrefois, quand les
« officiers avaient le genre héroïque et batailleur, on sortait souvent
« de table avec un duel sur les bras. Il suffisait de dire un mot de
« travers pour que le lendemain matin, à l'aube, on allât échanger
« un coup de sabre avec un camarade. Au surplus, la demi-
« ivresse de la pension n'était pas faite pour entretenir la disci-
« pline...

« L'officier cultivé d'aujourd'hui est moins batailleur et plus
« policé que ses devanciers. Il n'est pas exposé à rouler sous la
« table ni à se battre comme un d'Artagnan. Mais s'il dégaîne
« moins facilement, il aura peut-être une tendance à exercer sa
« verve d'une façon mordante et la camaraderie n'y gagnera rien.

« Les pensions ont, en outre, pour effet d'enrégimenter l'esprit des
« officiers....

« Quand il n'existe pas d'autre cercle, il faut bien créer un
« cercle militaire. Mais cette institution a pour résultat d'entre-
« tenir chez nous l'esprit de caste. C'est un mal.....

« Je n'admets pas qu'on se serve des locaux du cercle pour
« faire des conférences : l'officier doit aller au cercle pour dîner,
« pour lire les revues, jouer au billard, assister à des fêtes, mais
« il ne doit pas par surcroît y trouver l'école, qu'on a le tort chez
« nous de placer partout.....

« Les officiers trouveront dans les réunions annuelles des
« camps d'instruction et aux grandes manœuvres l'occasion d'en-
« tretenir entre eux des relations un peu plus intimes qu'en gar-
« nison. »

Tandis que l'adoption du système de nation armée nécessitait
un accroissement sensible des cadres, on pouvait craindre que le
nombre ne nuisît à la qualité. Mais il n'en fut rien, dans la cavalerie en particulier, qui ne vit pas augmenter l'effectif de son corps
d'officiers dans la même proportion que les autres armes. Les garanties dont l'état d'officier est entouré, le prestige de l'épaulette
et le malaise économique qui rend incertaines les autres carrières
attirent un grand nombre de jeunes gens dans les rangs de l'armée. Le corps d'officiers est réellement recruté dans l'élite de la
nation.

Tali son le truppe quali sono gli ufficiali : ces mots du service intérieur par lesquels nous avons commencé notre étude sont-ils
l'expression de la réalité ? Les troupes sont-elles en Italie ce que
sont les officiers ?

En temps de paix, l'officier exerce facilement une autorité, appuyée d'ailleurs par des sanctions sévères : il a sous ses ordres
des jeunes gens à peine sortis de l'enfance et que l'exercice de
leurs droits de citoyen et les luttes de la vie n'ont pas rendus encore indociles. En campagne, l'officier doit être obéi par des hommes faits, arrachés tout à coup à leurs occupations, habitués à
discuter les ordres qu'on leur donne. Il sera obéi néanmoins si ces
hommes ont appris dans la vie de famille à reconnaître et à respecter l'autorité. Pour qu'une armée mobilisée forme une masse com-

pacte et disciplinée, il faut que dans la nation le principe d'autorité existe et que cette autorité soit *librement acceptée* et non *basée sur la contrainte.*

Or, en Italie, le principe d'autorité a reçu depuis quelques années bien des atteintes. Le paysan et l'ouvrier attribuent l'effroyable misère dont ils souffrent au nouvel ordre de choses. C'est peut-être à tort qu'ils imputent aux classes dirigeantes le malaise économique que subit le pays. L'Italie a des richesses agricoles considérables. Pendant quelques années, tandis que le phylloxéra anéantissait nos vignobles, l'Italie doublait sa production en vins et inondait tous les marchés de l'Europe des autres produits de son agriculture. Puis, tout à coup les idées protectionnistes prévalurent presque partout : les vignes françaises furent reconstituées et l'Italie se vit fermer les débouchés sur lesquels elle comptait. Elle n'avait pas la ressource de réparer ses pertes en s'adonnant à l'industrie, puisque le manque de charbon et de capitaux l'ont rendue sur ce point tributaire de l'étranger[1]. Alors est survenue la crise monétaire, puis la misère, qui a sévi principalement dans les contrées vinicoles. Les idées anarchistes ont trouvé dans les populations rurales aigries par la souffrance un terrain tout préparé. Les insurrections récentes de Sicile et de Carrare nous ont révélé un état social malade auquel la répression ne saurait porter remède.

Si donc le système de nation armée ne présente aucun inconvénient pour une nation parfaitement hiérarchisée comme l'Allemagne, nous estimons que l'Italie s'est peut-être trop hâtée de suivre sur ce point l'exemple de ses voisins. Elle pourrait apprendre un jour à ses dépens que l'autorité acceptée en temps de paix par le peuple n'est que l'apprentissage de la discipline militaire.

---

1. Les armements de l'Italie ont été pour elle plus que pour tout autre pays une cause de misère : le matériel de la marine ne sort pas tout entier des chantiers de Castellamare. Il vient surtout d'Angleterre. L'usine Krupp a travaillé elle aussi pour l'Italie. Enfin, les draps qui servent à vêtir les soldats italiens sortent de nos manufactures de Sedan.

CHAPITRE V.

L'OFFICIER DE COMPLÉMENT ET LES CADRES INFÉRIEURS.

L'officier de complément.

Nous avons vu précédemment que la cavalerie *italienne* dispose, dès le temps de paix, d'un nombre d'hommes et de chevaux peu différent de l'effectif de guerre ; elle ne forme, lors de la mobilisation, que des escadrons de réserve. Dans ces conditions, les officiers de l'armée active suffisent presque pour encadrer la cavalerie mobilisée et celle-ci ne reçoit qu'un faible appoint d'officiers *en congé* [1].

Les officiers de réserve proviennent : 1° des volontaires d'un an qui ont subi avec succès les examens prescrits pour être nommés sous-lieutenants de complément ; 2° des militaires de première catégorie, qui, avant leur entrée au service, ont suivi les cours de la première année d'un lycée, d'un institut technique, d'une école du Gouvernement ou d'un établissement assimilé à une de ces écoles. Les militaires qui ne se trouveraient pas dans ces conditions doivent, pour aspirer au grade d'officier de réserve, subir préalablement un examen d'instruction générale.

Les conditions d'admission pour le volontariat d'un an sont : être âgé de **17** ans révolus, — posséder l'aptitude requise pour l'arme ou le service dans lesquels le candidat demande à entrer,

---

1. Le quatrième officier de peloton dans chaque escadron est un officier de complément.

— n'avoir pas encouru de condamnations, — avoir suivi pendant une année les exercices d'une société de tir (s'il y en avait une dans la résidence de l'intéressé), — subir avec succès un examen sur le programme des études complètes des écoles élémentaires supérieures, — payer une somme qui ne dépasse pas 2,000 fr. dans la cavalerie [1].

Des sursis peuvent être accordés jusqu'à l'âge de 26 ans aux jeunes gens dont la présence est nécessaire dans un établissement industriel ou agricole, et à ceux qui font des études supérieures, qu'on ne pourrait interrompre sans inconvénient. Le nombre des sursis que peuvent accorder les commandants de district est illimité.

Le ministre désigne les régiments qui recevront des volontaires. Les examens sont passés devant une commission composée de trois officiers; — ils comprennent une épreuve écrite sous forme de lettre ou de récit et un examen oral sur l'arithmétique, la géométrie, l'histoire et la géographie. Si l'examen donne lieu à une réclamation de la part des candidats, le général commandant la division peut ordonner un nouvel examen à titre de contre-épreuve. La deuxième décision prise par la commission est sans appel.

Les jeunes gens qui sont ajournés en raison de leur état de santé peuvent se réserver le droit de faire ultérieurement leur volontariat, s'ils deviennent aptes au service. Ces candidats éventuels au volontariat sont appelés *premuniti*.

Les jeunes gens qui présentent le certificat de passage (*pagella*) de 1re ou 2e année d'un lycée ou d'un institut technique et ceux qui sont munis du certificat d'études délivré par une université ou une école supérieure, sont dispensés de tout examen.

Dès leur arrivée au corps, les volontaires qui demandent à se préparer aux examens de sous-lieutenant de complément, sont réunis pour suivre des cours et des théories, tout en prenant part au travail de leur escadron. Ils sont dispensés des corvées et des exercices étrangers à l'instruction. Leurs cours se divisent en deux périodes de 4 mois et demi chacune. Pendant la première période les volontaires apprennent tout ce qui a trait au service du cavalier

---

1. Cette somme est généralement de 1,000 fr.

et aux fonctions du caporal. Pendant la deuxième période ils s'initient aux devoirs du sous-officier.

A la fin de la première période (2ᵉ quinzaine de mai), les élèves-officiers subissent un examen à la suite duquel ils sont nommés caporaux. Cet examen, passé devant une commission composée de trois officiers, comprend des épreuves théoriques et pratiques sur les matières enseignées.

Les candidats qui échouent ne sont pas exclus pour cela du peloton des élèves-officiers. Ils sont admis à un nouvel examen au bout de deux mois. S'ils échouent de nouveau, ils sont définitivement rayés du peloton.

A la fin de la deuxième période, les caporaux volontaires d'un an sont admis à passer l'examen de sergent et sont promus dès qu'ils ont six mois de grade de caporal.

Tous les élèves-officiers susceptibles d'être nommés sergents sont proposés pour le grade d'officier de complément. Ils sont convoqués par le commandant du corps d'armée et passent un nouvel examen devant une commission dont il désigne les membres (un major général président, 2 officiers supérieurs et 4 capitaines). Les volontaires d'un an sont généralement en congé illimité lors de cet examen.

La commission recueille toutes les informations possibles sur la situation sociale des candidats et leur honorabilité personnelle.

L'examen comprend : une composition écrite rédigée sous forme de rapport sur un sujet militaire, un examen oral sur l'art militaire, la fortification et la topographie, ainsi que sur la législation, l'organisation et l'administration.

Quand les candidats échouent, ils peuvent se représenter et ne recommencent que les épreuves qui ont motivé leur échec précédent. Les candidats admis sont nommés au grade de sous-lieutenant de complément. Pendant les deux années qui suivent leur nomination, ils doivent, sous peine d'être considérés comme démissionnaires, accomplir une période d'instruction de trois mois dans le corps auquel ils sont affectés.

Ils fixent eux-mêmes l'époque de leur stage qui commence le premier jour de l'un des mois d'avril, mai, juin, juillet ou août, à leur choix.

Les militaires sous les drapeaux, gradés ou non, sont admis à suivre les cours des élèves-officiers volontaires d'un an, quand ils se trouvent dans les mêmes conditions que ces derniers sous le rapport de l'instruction générale. Ils sont alors astreints à subir les mêmes examens. Dans le courant du mois qui suit l'examen d'aptitude au grade de sous-lieutenant, ils sont promus sous-lieutenants de complément, reçoivent une permission de 20 jours, au bout desquels ils se présentent au corps auquel ils sont affectés pour y terminer leur temps de service. Ils sont libérés avec les militaires de leur classe ; toutefois, si, lors du renvoi de la classe, ils n'avaient pas accompli intégralement leur stage de trois mois dans le grade d'officier de réserve, ils seraient retenus au corps pour le terminer.

Les militaires en congé illimité qui remplissent les conditions d'instruction indiquées ci-dessus peuvent, sur leur demande, être réadmis au service pour suivre les cours des élèves-officiers.

On voit que le choix des officiers de réserve est entouré en Italie de toutes les garanties possibles. L'officier de complément n'est pas un instructeur, un éducateur, il est seulement appelé à conduire en campagne des hommes et des chevaux tout dressés. Or, en campagne, le métier, débarrassé des minuties du temps de paix, devient facile : un homme de cœur, intelligent, énergique et vigoureux rendra les plus grands services à la tête d'un peloton, même s'il n'est pas officier de carrière. L'autorité qu'il exercera sur ses cavaliers sera basée sur une éducation, une instruction supérieures, sur la connaissance approfondie du cœur humain, bien plus que sur les sciences militaires proprement dites. L'homme qui, dans la vie de chaque jour, exerce autour de lui une certaine autorité, est donc par là même tout préparé à faire un bon officier de réserve. Voilà pourquoi les Italiens attachent tant de prix à la situation sociale des candidats au grade de sous-lieutenant de complément : les titres universitaires qu'on exige de ces derniers ne peuvent être fournis que par des jeunes gens ayant fait des études secondaires sérieuses, appartenant par suite presque tous aux classes dirigeantes.

Malgré tant de précautions, des éléments médiocres se glissent parfois dans les cadres de réserve de l'armée italienne : on ne saurait avoir à la fois le nombre et la qualité. D'autre part, les officiers de complément ne sont pas mis en mesure d'entretenir leurs connaissances militaires par des stages d'instruction assez fréquents.

L'an dernier, lors de la grande revue passée par l'empereur d'Allemagne, les officiers en congé, qui avaient leur place marquée sur le terrain, furent tout particulièrement remarqués par l'entourage de Guillaume II. Un journal allemand, qui était sans doute représenté à la revue, affirme que l'empereur fut désagréablement impressionné par l'attitude peu militaire de certains d'entre eux [1]. Quoi qu'il en soit, la cavalerie est mieux partagée que les autres armes pour le recrutement de ses officiers de complément. Elle ne leur réserve qu'un petit nombre d'emplois et les candidats abondent.

Voici quelques remarques que nous trouvons dans un ouvrage [2] publié en 1890 par un officier italien de grande valeur :

« En campagne, le quatrième chef de peloton sera un officier de « complément ; je n'entends pas dénigrer les mérites et les qua-« lités de cette catégorie d'officiers, mais il me semble indiscutable « qu'ils ne peuvent avoir pour l'instruction et la pratique du ser-« vice la même valeur que les officiers de carrière ; un stage de « trois mois est tout à fait insuffisant pour les former, surtout « quand ce stage est accompli en hiver.

« Depuis que le regretté prince Amédée avait pris les fonctions « d'inspecteur de la cavalerie, un grand nombre d'officiers de com-« plément avaient été convoqués pour une période d'instruction « de six mois. Je voudrais que cette mesure fût rendue obligatoire « par une loi et que tout officier de complément de cavalerie prît « part, au moins une fois, aux grandes manœuvres.

« Il est également fâcheux que les officiers de complément « soient affectés aux districts et non à des régiments déterminés. « En cas de mobilisation, l'officier de complément devra souvent « rejoindre un corps où il est complètement inconnu.

« A mon humble avis, les officiers de complément devraient être

---

1. Deux officiers de complément auraient *quitté les rangs* pour photographier le cortège impérial.

2. *Per l'avenire della Cavalleria.* Tamajo.

« affectés non seulement à un régiment, mais à un escadron déter-
« miné, celui dans lequel ils ont fait un stage en temps de paix. Le
« capitaine saurait au moins dans quelle mesure il peut compter
« sur l'auxiliaire qui lui arrive, et celui-ci aurait sous ses ordres un
« personnel déjà connu.

« Il est indispensable que le capitaine ait une confiance absolue
« dans tous ses officiers : il ne faut pas le mettre dans la nécessité
« de préférer pour une mission délicate un fourrier ou tout autre
« sous-officier de l'escadron à son lieutenant de complément. »

Les sous-officiers et caporaux.

L'Italie a essayé de créer un corps de sous-officiers de carrière
analogue à celui de l'armée allemande pour encadrer ses jeunes
troupes. Le recrutement des grades inférieurs se fait d'après les
règles suivantes :

L'homme du contingent suivant le sort de sa classe peut être
nommé caporal à six mois de service et caporal-major quand il a trois
mois de grade de caporal. Pour être promu sous-officier, il faut
avoir un an de grade de caporal et en outre *contracter un engagement
de 5 ans*. Les fourriers et les fourriers-majors sont choisis parmi les
sous-officiers du grade immédiatement inférieur qui comptent une
année de grade.

Les candidats au grade de sous-officier sont réunis par groupes
spéciaux et envoyés dans certains régiments. Leur éducation militaire est faite par des cadres choisis. A la fin du cours, ils sont promus sergents et envoyés aux corps. Nous ne nous étendrons pas sur
les méthodes d'instruction suivies qui sont absolument les mêmes
que celles qu'on pratique dans les autres armées. Les sous-officiers
arrivent dans les corps avec une instruction théorique complète,
mais leur éducation pratique, l'apprentissage du commandement,
sont presque complètement à faire.

Les caporaux recrutés dans le rang sont en général très bons. Un
certain nombre d'entre eux suivent les cours des volontaires d'un an
et sont admis, suivant leur degré d'instruction générale, à passer
les examens de sergent de réserve et même ceux de sous-lieutenant
de complément.

Les volontaires d'un an qui ne sont pas élèves-officiers sont destinés à être libérés avec le grade de sergent. A la fin de la première période, ils passent l'examen de caporal et sont promus dès qu'ils ont six mois de service. Ceux d'entre eux qui échouent continuent à prendre part aux mêmes exercices que leurs camarades et sont admis à se représenter à l'examen deux mois plus tard. S'ils échouent de nouveau, ils sont rayés du cours des volontaires et terminent leur année comme simples soldats. Un dernier examen à un an de service leur permet de conquérir enfin le grade de caporal. S'ils échouent de nouveau, ils font trois mois de service supplémentaire et subissent encore un examen à la fin de cette dernière période. Quel qu'en soit le résultat, ils sont libérés cette fois. Il nous semble que les caporaux promus de la sorte après trois échecs successifs doivent être bien médiocres.

Des avantages très sérieux sont faits aux sous-officiers et aux militaires de certaines catégories qui contractent des rengagements. Sont admis au rengagement sans prime : les militaires comptant cinq années de services ; les caporaux-majors de toutes les armes ; les militaires qui ont été déjà rengagés avec prime.

Les carabiniers, gradés ou non, âgés de moins de 40 ans, les sous-officiers trompettes et les chefs armuriers peuvent contracter trois rengagements successifs avec prime.

Les caporaux et appointés des compagnies de discipline, des établissements pénitentiaires et des dépôts d'étalons et les caporaux maréchaux peuvent contracter deux rengagements avec prime. Les hommes de troupe ayant cinq années de service et âgés de moins de 36 ans peuvent contracter un seul rengagement avec prime.

La prime annuelle est de 200 fr. pendant le premier rengagement et de 300 fr. pendant les suivants.

Le militaire rengagé avec prime qui est promu officier, celui qui passe dans le corps des invalides et des vétérans ou quitte le service, reçoivent une indemnité fixe de 1,000 fr., s'ils ont accompli un premier rengagement, et de 2,000 fr. s'ils servent en vertu d'un deuxième ou d'un troisième rengagement.

Les sous-officiers de toutes armes, les sous-officiers trompettes et les chefs armuriers comptant 5 années de service peuvent contracter quatre rengagements successifs d'un an avec haute paye.

La haute paye est de 109 fr. 50 c. au premier rengagement et de 219 fr. par an aux rengagements suivants.

A 12 ans de service, le sous-officier a droit à une indemnité de 2,000 fr. Il peut alors quitter le service et obtenir un emploi civil. S'il reste au corps après 12 ans de services, il reçoit jusqu'à son départ une indemnité annuelle de 365 fr.

Les hommes de troupe ont droit à une retraite quand ils comptent 20 ans de service. Le tableau ci-après indique le taux des différentes pensions de retraite pour les hommes de troupe :

DÉSIGNATION DES GRADES.	MINIMUM à 20 ans de service.	AUGMENTATION par année de service ou campagne.	MAXIMUM à 35 ans de service.
Maréchal des logis des carabiniers. . . .	780	18	1,000
Fourrier-major	550	17	805
Fourrier, brigadier de carabiniers. . . .	500	15	725
Sergent, vice-brigadier des carabiniers .	415	10	565
Caporal-major, caporal, carabinier sellier, trompette.	360	8	480
Appointé sapeur et soldat.	300	7	405

Malgré les avantages matériels assurés aux sous-officiers par les dernières lois, leur recrutement laisse beaucoup à désirer. Le sous-officier italien ne sait pas limiter son ambition et se contenter d'un grade modeste ; il veut généralement arriver à l'épaulette. Le tiers des emplois de sous-lieutenant étant réservé aux sous-officiers, ceux-ci travaillent au régiment pour arriver à passer l'examen d'admission à l'école de Caserte. S'ils sont admis, ils sont perdus pour le régiment ; s'ils échouent plusieurs fois, ils se considèrent comme des déclassés et leur manière de servir se ressent généralement des déceptions, imméritées à leur avis, qu'ils ont éprouvées.

Le général Marselli parlant, dans son bel ouvrage *La Vita del reggimento*, du mode de recrutement des sous-officiers allemands, fait à ce sujet quelques sages remarques : « Pour qu'un sous-officier soit « bon, il faut, dit-il, qu'il reste dans sa sphère, qu'il mesure son « ambition à ses propres moyens, qu'il songe seulement à l'épau- « lette si son instruction est suffisante..... Le sous-officier d'au- « jourd'hui arrive au corps avec des rêves d'avenir en tête, il con-

« sidère le quartier non comme son domicile, mais comme un lieu
« de passage, dont il faudra sortir à tout prix; il cherche à ac-
« quérir à la hâte le bagage théorique et pratique nécessaire pour
« aller à Caserte, afin de porter au plus tôt la tenue d'officier; mé-
« content du présent, il songe sans cesse à quitter le milieu dans
« lequel il se trouve... Il considère le soldat avec ennui, l'officier
« avec envie et s'acquitte de ses devoirs par crainte des répressions
« plutôt que par amour du métier. »

Le lieutenant Tamajo, dont nous citions tout à l'heure quelques
lignes, dit de son côté : « Ce qui a gâté notre sous-officier, c'est la
facilité qu'il trouve à arriver à l'épaulette. Si pour l'officier une mo-
destie poussée à l'excès est déplorable, chez le sous-officier l'ambition immodérée est fâcheuse à tous égards. Les sous-officiers doivent en général être recrutés parmi les jeunes gens qui, en raison
de leur intelligence et de leur position sociale, sont d'une classe
inférieure à celle d'où proviennent les officiers. Ils devraient se
rendre compte que le règlement a mis une barrière élevée entre
eux et cette catégorie supérieure comprenant tous les officiers, du
général au dernier sous-lieutenant. Tandis que le sous-lieutenant
peut rêver à l'aigrette de colonel, le sous-officier doit borner son
ambition à obtenir le grade de fourrier-major. Le sous-officier doit
se dire constamment : « Si j'étais resté dans la vie civile, quelle
situation aurais-je obtenue avec mon instruction, mon intelligence
et mon éducation ? »

« Or, nos jeunes sous-officiers montrent parfois sous ce rapport
un aplomb vraiment extraordinaire qui contraste avec les sentiments sérieux et respectables de leurs camarades plus anciens. Du
jour où un jeune homme voit sur sa manche le galon d'argent, il
croit être un personnage. A la fin de ses cinq ans, on lui demande
s'il compte se rengager. Voici le dialogue qu'on tient avec lui :

— Je resterais mon lieutenant, si j'étais sûr de devenir officier.

— Et quelles études avez-vous faites ?

— La quatrième élémentaire aux écoles du soir.

— Quelle était votre profession?

— Bottier !.... (Tableau !)

« Interrogeons un autre sous-officier :

— Quelles études avez-vous faites ?

— J'ai fait des études privées.

— Quelle est votre profession ?

— Commerçant.

— Pourquoi ne cherchez-vous pas à passer l'examen d'admission à Caserte ? — *On m'en veut, au régiment.* — Alors bonne chance.

« Si on va au fond des choses on apprend que le commerçant en question était garçon meunier. Ses études se sont sans doute bornées à porter des sacs de farine.....

« Mon idéal serait un sergent lié au service par un engagement « à plus long terme qu'aujourd'hui ; recruté dans une autre caté- « gorie que celle des caporaux d'escadron, restant au régiment et « ne songeant pas comme le cavalier aux joies de la libération.... »

Or, ce rêve est irréalisable, parce que les idées démocratiques ont pénétré en Italie comme dans beaucoup d'autres pays : les institutions militaires elles-mêmes s'en ressentent.

En Allemagne, le candidat à l'épaulette doit être au préalable accepté par ses futurs camarades : il faut qu'il appartienne au même milieu social, qu'il ait été élevé dans les mêmes idées que les officiers, que comme eux il soit un parfait gentleman.

Le sous-officier provenant d'une classe inférieure sait d'avance que son avenir est borné. Il se contente des avantages matériels qui lui sont assurés dans le présent et sait qu'il trouvera plus tard un emploi civil en rapport avec ses moyens.

Pour obtenir un semblable résultat, les Italiens devraient remanier complètement, dans un sens rétrograde, leurs institutions militaires.

Les écoles régimentaires.

Il y a, dans un régiment italien, cinq écoles différentes destinées à améliorer l'instruction des gradés et des cavaliers :

1º L'école élémentaire, obligatoire pour les illettrés — organisée par escadron, — où la lecture et l'écriture sont enseignées.

2º L'école facultative pour les aspirants au grade de caporal.

3º L'école facultative des candidats au grade de sergent.

4º L'école facultative de comptabilité, destinée à former des caporaux-fourriers et des fourriers.

5° L'école supérieure facultative des sous-officiers, qui les prépare à l'école de Caserte.

Les cours des écoles durent généralement tout l'hiver. L'enseignement est donné par des officiers assistés par des gradés et pour certains cours par des professeurs ou instituteurs civils rétribués au moyen d'une indemnité de 10 cent. au maximum par leçon et par élève du cours élémentaire et 20 cent. pour les autres cours.

Les cours sont clôturés par des examens sur les matières enseignées. L'école élémentaire a sa raison d'être, même dans la cavalerie qui reçoit un grand nombre d'illettrés. Les soldats ne peuvent être envoyés en congé illimité qu'après avoir subi *l'examen spécial des hommes à libérer* sur le cours de l'école élémentaire. En cas d'échec, ils peuvent être retenus au corps pour y faire leur temps de service, jour pour jour. Les illettrés ne peuvent devenir ordonnances ni être détachés dans aucun service qui leur permette de se soustraire à l'école élémentaire [1].

L'école des aspirants au grade de caporal se fait d'après le programme suivant : langue italienne, lecture, explication du texte, dictée, orthographe, leçon de choses, arithmétique : les quatre règles ; — théories sur le règlement de discipline, le service intérieur, le Code pénal, le service des places ; fonctions du caporal.

L'école des candidats au grade de sergent comporte l'enseignement des mêmes matières, avec un peu plus de détails et en outre quelques notions sur la géographie.

L'école de comptabilité enseigne tous les détails concernant l'administration d'un escadron.

L'école supérieure des sous-officiers comporte les matières suivantes : la langue italienne, exercices de style, arithmétique jusqu'aux fractions et proportions, géométrie plane et géométrie dans l'espace ; géographie, Europe et Italie péninsulaire, *Italie insulaire : Sicile, Sardaigne et* Corse.

Les élèves de ces différentes écoles ne peuvent être promus caporaux, sergents, ou être admis au concours de Caserte s'ils n'ont

---

1. Ces dispositions ne sont pas appliquées dans la pratique.

subi avec succès, devant la commission du corps, un examen théorique et pratique sur les matières enseignées.

Beaucoup d'officiers pensent que si le ministère de l'instruction publique s'acquittait de sa tâche, ces écoles pourraient être supprimées pour le plus grand bien de l'instruction militaire proprement dite.

Le régiment a pour objet de transformer l'homme du contingent en soldat, de le mettre à même de remplir ses devoirs en campagne, mais non d'orner son esprit de connaissances générales. Est-il admissible qu'après avoir accompli leur tâche les officiers soient transformés encore en maîtres d'école, métier pour lequel ils n'ont généralement aucune vocation ? Le général Marselli estime qu'il y aura beaucoup à élaguer du programme des écoles régimentaires le jour où l'instruction publique aura réalisé quelques progrès. En l'état actuel des choses, il faut laisser cette organisation telle qu'elle est, sous peine de voir des gradés qui ne soient pas à hauteur de leurs fonctions.

Après avoir donné les principes généraux de l'organisation de l'armée, nous allons citer quelques chiffres intéressants à consulter, qui en sont le complément nécessaire :

Le 30 juin 1893, l'effectif des officiers italiens était de 14,705, dont 14,459 en service effectif et 246 en disponibilité.

Il y avait 1 général d'armée, 50 lieutenants-généraux, 90 majors généraux, 341 colonels, 377 lieutenants-colonels, 950 majors, 4,178 capitaines, 6,136 lieutenants, 2,582 sous-lieutenants.

Les sous-lieutenants promus de juin 1892 à juin 1893 étaient au nombre de 705. 397 officiers ont été mis en position de service auxiliaire, 119 ont pris leur retraite, 254 se sont fait mettre en disponibilité, 116 sont morts, 20 ont donné leur démission, 52 ont été révoqués ou rayés des cadres par suite de condamnations, 399 se sont mariés. Les officiers qui étaient dans ce cas étaient, au 30 juin 1893, au nombre de 3,945.

Les officiers de complément de l'armée permanente étaient au nombre de 5,942. La milice mobile comprenait 180 officiers en service effectif et 3,877 de complément. Ceux de la milice territoriale, parmi lesquels figurent pour la première fois des officiers de cavalerie, atteignaient le chiffre de 5,797 ; 1,549 officiers étaient en position de service auxiliaire et 5,837 étaient officiers de réserve.

Les officiers *en congé* sont au nombre de 23,182.

Les troupes ont un effectif de 3,155,036 hommes : 818,255 figurent sur le contrôle de l'armée permanente, 521,452 sur ceux de la milice mobile (y compris la milice spéciale de l'île de Sardaigne) et 1,815,329 appartiennent à la milice territoriale.

Les hommes sous les drapeaux en juin 1893 étaient au nombre de 252,117.

Voici la répartition des hommes de troupe de l'armée permanente :

Sous-officiers	25,751
Caporaux	133,371
Soldats	659,133
Total	818,255

Voici comment se décomposent les effectifs de la milice mobile et de la milice spéciale de Sardaigne :

Sous-officiers	11,655
Caporaux	54,650
Soldats	455,137
Total	521,452

Milice territoriale :

Sous-officiers	14,353
Caporaux	69,475
Soldats	545,469
Militaires employés dans les chemins de fer et télégraphes	15,892
Agents de police douaniers	9,230
Hommes non instruits	1,160,910
Total	1,815,329

Enrôlements volontaires et réadmissions au service.

Du 1er juillet 1892 au 30 juin 1893, 3,595 engagements volontaires ont été contractés, 314 jeunes gens sont passés des deuxième ou troisième catégories à la première et 368 militaires en congé

illimité ont été réadmis au service (la plupart pour se préparer aux examens d'officier de complément). Le nombre des places réservées dans les pelotons aux candidats au grade de sergent n'était pas limité.

La suppression d'un certain nombre des formalités exigées autrefois pour l'engagement aurait eu pour résultat d'augmenter le nombre des volontaires.

2,693 jeunes gens avaient été admis en 1891 à suivre les cours des élèves-sergents; 1,948 ont subi avec succès les épreuves d'aptitude à ce grade : 463 ont obtenu la note *très bien*, 974 la note *bien* et 511 la note *passable*.

En 1893, 1,887 jeunes gens seulement furent admis aux cours d'instruction des élèves-sergents. L'expérience des années précédentes ayant démontré qu'un grand nombre de candidats suivaient ces cours sans pouvoir réussir aux épreuves finales, on a changé de système : le nombre d'admissions au cours des élèves-sergents a été illimité, mais pendant les huit premiers mois une sélection sérieuse a été opérée, notamment lors des examens du grade de caporal. Les élèves-sergents, ayant dû contracter un engagement de cinq ans, cet engagement était annulé quand les candidats étaient éliminés du cours des élèves-sergents. Ils suivaient alors le sort de la classe entrée au service en même temps qu'eux.

En 1893, 731 militaires suivaient les cours d'élèves-officiers de complément, 491 seulement ont obtenu ce grade.

Rengagements.

Du 1ᵉʳ juillet 1892 au 30 juin 1893, 2,256 militaires ont été admis à contracter des rengagements sans primes et 58 ordonnances sont restées sous les drapeaux.

Le 30 juin 1893, 7,214 militaires étaient liés au service en vertu d'un rengagement avec prime, 6,164 jouissaient des primes ou hautes paies d'ancienneté : 2,701 de la haute paie de 109 fr. 50 c., — 1,282 de celle de 219 fr., — 1,557 de celle de 365 fr.

Les emplois civils accordés aux sous-officiers ont été, au cours de l'année, restreints au nombre de 155, tandis que 1,208 sous-officiers, remplissant les conditions requises par la loi, attendaient l'emploi qu'ils ont sollicité.

Le tableau ci-après fait ressortir les dispositions prises en 1893 pour l'instruction des réserves :

	ARMÉE PERMANENTE.		MILICE MOBILE.		TOTAL.	
	Nombre.	Proportion p. 100.	Nombre.	Proportion p. 100.	Nombre.	Proportion p. 100.
Hommes convoqués.	42,075	»	1,368	»	43,443	»
Hommes ayant répondu à la convocation.	29,622	70.40	1,216	88.89	30,838	70.99
Ajournés à une autre convocation . .	2,676	6.36	23	1.68	2,699	6.21
Dispensés de convocation.	8,052	19.14	81	5.92	8,133	18.72
Hommes ayant accompli leur période.	27,773	65.91	1,130	82.60	28,863	66.44
Insoumis	1,725	4.10	43	3.51	1,773	4.08
Ont excusé leur absence avant le 31 décembre.	882	2.09	22	1.61	904	2.08
Sont poursuivis devant les tribunaux.	843	2	26	1.90	869	2

5,646 militaires résidant à l'étranger sans autorisation et 1,422 jeunes gens faisant partie de la classe qui devait tirer au sort en 1894 ont été admis à régulariser leur situation.

La discipline : devoirs généraux. — Attributions
des divers grades.

Tout militaire prononce solennellement à son arrivée sous les drapeaux le serment dont voici la formule : « Je jure d'être fidèle au roi et à ses successeurs, d'observer loyalement les prescriptions du statut et des autres lois et de remplir tous les devoirs de mon état pour le bien du roi, inséparable de celui de la patrie. » — Le militaire doit, outre le serment, engager sa parole d'honneur. Quand il est promu officier, il renouvelle le serment.

Les règles de la subordination sont les mêmes en Italie que dans les autres armées.

Les officiers en tenue doivent toujours être armés.

Les devoirs des supérieurs envers leurs inférieurs sont comme partout : la bienveillance, la sollicitude. Un officier ou un sous-officier s'adressant à un homme de troupe doit employer la deuxième personne du pluriel et ceux-ci doivent parler à la troisième personne du singulier dans leurs rapports avec leurs chefs.

Les devoirs des inférieurs envers leurs supérieurs sont : la déférence, l'obligation de transmettre leurs demandes par la voie hiérarchique, l'interdiction d'adresser des réclamations collectives, etc.

La langue italienne est seule admise dans le service.

Les fonctions du général de brigade consistent à servir d'intermédiaire entre les régiments et le commandement. Il vise ou annote toutes les demandes formulées par les corps. Il inspecte continuellement l'administration des régiments et tous les six mois il procède à l'inspection générale de ceux d'entre eux qui ne résident pas dans la même garnison que lui.

Ce sont, en Italie, les généraux de division qui commandent le territoire : le général de brigade ne peut inspecter un de ses régiments stationné sur le territoire d'une autre division sans en aviser le général de division.

Quand le général de brigade s'absente, il en prévient les corps qui correspondent alors directement avec le commandement de la division.

Le colonel, les officiers supérieurs et les officiers subalternes ont les mêmes attributions que partout ailleurs.

Le rapporteur remplit les fonctions de notre major. Il est choisi par le ministre parmi les officiers supérieurs du corps.

Dans l'artillerie et le génie, le lieutenant-colonel est rapporteur. Il commande le dépôt, est chargé de tout ce qui concerne la comptabilité et peut en outre prendre la direction d'une branche de l'instruction. Les officiers provenant de l'état-major ne peuvent être nommés majors qu'après un an d'exercice du grade de capitaine commandant.

*L'adjudant-major en 1*er doit être choisi parmi les capitaines doués plus particulièrement des qualités du caractère, de l'ordre et de l'activité. Il dirige le *bureau de majorité* du corps et a sur l'état-major du régiment l'autorité et les attributions d'un commandant d'escadron.

Il surveille les sous-officiers, s'occupe de leur pension, surveille les cantines et se fait rendre compte de tout ce qui se passe dans le quartier.

*L'adjudant-major en 2*º est l'auxiliaire de l'adjudant-major en 1er; il le remplace en cas d'absence.

Il y a dans un régiment deux sortes de bureaux : 1° l'un, dit bureau de majorité du régiment, s'occupe des pièces périodiques, de la tenue des registres de service des officiers et sous-officiers, des tours de détachement, etc... ; 2° le bureau de majorité du demi-régiment vérifie les pièces transmises à l'autre bureau et sert d'intermédiaire entre ce dernier et les escadrons.

Le maître d'équitation peut être militaire ou civil ; dans le premier cas, il jouit des prérogatives et de l'autorité attribuées à son grade ; dans le second cas, son autorité ne s'exerce que dans les services spéciaux qui lui sont confiés.

Le maître d'équitation doit être un cavalier habile et en même temps un maître capable d'enseigner théoriquement et pratiquement aux officiers, sous-officiers et cavaliers l'art de l'équitation. Il est spécialement chargé de former les sous-officiers instructeurs et les caporaux aides-instructeurs.

Les médecins et les vétérinaires ont les mêmes attributions que dans les autres armées.

Les officiers comptables sont sous les ordres du rapporteur ; ils ne peuvent remplir les fonctions des officiers de leur grade restés dans le service de troupe. Cependant, dans certains cas, ils peuvent être chargés de la direction administrative et disciplinaire de corps ou de fractions de corps.

Ils forment les fourriers des escadrons et font les cours de l'école de comptabilité du corps.

Ils ne sont remplacés en cas d'absence que dans le cas d'absolue nécessité par un officier de troupe, qui est alors dispensé de tout service.

Le fourrier-major est directement sous les ordres de l'adjudant-major en 2ᵉ et l'assiste pour tous les détails du service.

Le sous-officier trompette relève directement de l'adjudant-major en 1ᵉʳ. Il est chargé d'instruire les caporaux et trompettes et dirige la fanfare, quand le régiment est réuni.

Le sous-officier sapeur dirige, sous les ordres d'un officier désigné à cet effet par le colonel, l'instruction des caporaux et cavaliers sapeurs.

Les sous-officiers et caporaux de comptabilité dépendent, pour leur service spécial, des officiers comptables.

Les sous-officiers et caporaux de majorité sont : le vaguemestre, le maître d'armes, les sous-officiers et caporaux sous-instructeurs d'équitation, les chefs ouvriers.

Les maîtres tailleurs et maîtres bottiers se servent uniquement d'ouvriers civils.

Le caporal-major a les fonctions de notre fourrier.

Le caporal-major ou le caporal infirmier est, en campagne, le chef des brancardiers.

Les cantiniers vendent à un prix déterminé les denrées de toute nature aux soldats et sous-officiers. Ceux-ci sont en pension à la cantine, qui n'emploie pour son service que des domestiques étrangers à l'armée.

Le fourrier d'escadron remplit les mêmes fonctions que notre maréchal des logis chef. Les sous-officiers et caporaux s'acquittent des mêmes devoirs que nos maréchaux des logis et brigadiers.

L'appointé correspond à notre cavalier de 1ʳᵉ classe.

Punitions des officiers.

Tout supérieur exerce le droit de punition ou de blâmer suivant son appréciation personnelle. Un officier ou sous-officier ne doit pas infliger de punition quand un de ses chefs, présent à l'instruction, est témoin de la faute qui mérite une répression. Le chef de détachement a la même autorité disciplinaire qu'un chef de corps ; toutefois, il ne peut prescrire les rétrocessions et cassations ni convoquer les commissions ou conseils de discipline.

Quand un supérieur punit un militaire d'un autre corps, il en avise le colonel du régiment intéressé qui fixe la durée de la punition.

Les punitions des officiers sont :

1° La réprimande ;

2° Les arrêts simples de 1 à 90 jours ;

3° La réprimande solennelle ;

4° Les arrêts de rigueur de 3 à 15 jours ;

5° Les arrêts de forteresse de 1 à 3 mois.

La réprimande est infligée par un chef quelconque de l'officier puni ; elle n'est pas inscrite au registre des punitions.

Les arrêts simples obligent l'officier puni à garder la chambre quand il n'est pas de service ; si on est dans un camp, l'officier ne doit pas, en dehors du service, dépasser les limites du camp. Une même faute peut être punie par des arrêts simples auxquels sont ajoutés des arrêts de rigueur. Le total des punitions ne doit pas dépasser 90 jours.

Le blâme solennel est infligé par le colonel à un officier en présence de ses chefs et de ses camarades de même grade. La négligence habituelle dans le service et le manque de dignité dans la vie privée sont punis généralement par le blâme, qui peut être d'ailleurs accompagné d'une punition d'arrêts simples ou d'arrêts de rigueur.

Les arrêts de rigueur ne peuvent être infligés que par le chef de corps ou de détachement ou par un officier général. En garnison, l'officier puni cesse tout service et garde la chambre. En marche, il fait son service comme s'il était aux arrêts simples. Dans un camp, il reste sous sa tente.

L'officier puni doit, à l'expiration de ses arrêts, rendre visite en tenue du jour au chef de corps et à l'officier qui l'a puni.

Les arrêts de forteresse sont infligés par les généraux de division, les commandants de corps d'armée ou le ministre.

L'officier peut être *suspendu de son emploi* ou révoqué sur l'avis d'un conseil de discipline.

Quand le ministre le juge utile pour la discipline, il peut porter à la connaissance des officiers supérieurs ou égaux en grade à l'officier puni, les mesures de répression qu'il a dû prendre.

Punitions des sous-officiers.

Les punitions pour les sous-officiers sont :

1° La réprimande ;

2° La consigne au quartier de 1 à 90 jours ;

3° La salle de discipline simple de 3 à 30 jours ;

4° La salle de discipline de rigueur de 5 à 15 jours ;

5° Le blâme solennel ;

6° La suspension du grade ;

7° La rétrogradation.

La *réprimande* et la *consigne au quartier* ne sont pas inscrites sur les feuillets matricules des hommes punis.

La *salle de discipline simple* astreint le sous-officier puni à rester dans une chambre, où il peut lire et fumer ; il fait son service.

La *salle de discipline de rigueur* est infligée par le chef de corps et les généraux. Le sous-officier puni est enfermé dans un local disciplinaire et ne fait aucun service.

En marche, les sous-officiers punis font leur service et ne subissent leur punition que dans l'intérieur du cantonnement.

Le *blâme* est infligé par ordre du chef de corps à un sous-officier en présence de ses camarades.

La *suspension du grade* consiste dans la perte momentanée du grade et de ses insignes distinctifs. Le sous-officier puni est envoyé comme simple soldat dans un autre corps de même arme qui ne soit pas stationné dans la même garnison que son régiment.

La suspension est mise à l'ordre du corps.

La rétrogradation fait perdre définitivement le grade au sous-officier ; elle est prononcée sur l'avis d'une commission de discipline composée de cinq membres : le lieutenant-colonel ou un major, président, 2 capitaines, 2 officiers subalternes choisis d'après leur ancienneté. Dans un détachement, quand les officiers du corps ne sont pas au nombre de cinq, la commission est formée avec le concours d'officiers d'autres régiments.

L'auteur de la plainte est exclu. Le sous-officier peut récuser l'un des membres de la commission, trois jours avant sa réunion, sans motiver sa demande. Le membre récusé est remplacé par un de ses camarades.

La commission répond à la question suivante : « Faut-il appliquer la peine de la rétrogradation au sieur X....? » Le vote se fait au scrutin secret. Le général commandant le corps d'armée prend une décision si la réponse est affirmative.

Punitions des caporaux et soldats.

Les punitions infligées aux caporaux sont :
1° La consigne au quartier de 1 à 90 jours ;
2° La prison simple de 3 à 30 jours ;

3° La prison de rigueur de 3 à 15 jours ;

4° La rétrogradation.

Les punitions pour les soldats sont :

1° La parade avec armes et en paquetage à 5 appels ;

2° La consigne au quartier de 1 à 90 jours ;

3° La prison simple de 3 à 30 jours ;

4° La prison de rigueur de 3 à 15 jours ;

5° La rétrogradation pour les appointés ;

6° Le passage aux compagnies de discipline.

La prison simple correspond à notre punition de salle de police et la prison de rigueur à la cellule.

Le chef de corps prononce la rétrogradation des caporaux et des appointés.

Le commandant de corps d'armée décide l'envoi des cavaliers aux compagnies de discipline sur l'avis d'une commission de discipline ayant la même composition que celle qui est appelée à émettre un avis pour les fautes graves commises par les sous-officiers.

La rétrogradation des sous-officiers et caporaux rengagés ne peut être prononcée que sur l'avis d'une commission de discipline. Elle entraîne pour celui qui est l'objet de cette mesure la déchéance des avantages attachés au rengagement.

L'appointé seul peut se voir enlever ses galons sans perdre pour cela la qualité de rengagé.

[illegible] par la [illegible].

[illegible] tous ces [illegible] objets [illegible] la [illegible]
[illegible] que [illegible].

[illegible]
[illegible]

[illegible] que tous [illegible] et [illegible], [illegible]
[illegible].

[illegible] les pièces [illegible] composent [illegible]
[illegible] que [illegible] les [illegible] qui [illegible]
[illegible] dans [illegible] que [illegible] dans [illegible] la [illegible]
[illegible] de [illegible] [illegible] l'[illegible].

[illegible] la [illegible] [illegible] et de [illegible]
[illegible] à l'[illegible].
[illegible] dans [illegible] à [illegible] de [illegible]
[illegible] de [illegible].
[illegible] au bout de [illegible] pages ;
[illegible] de la page [illegible] ;
[illegible] de la page [illegible] ;
[illegible] de la page [illegible] ;
[illegible] de [illegible] page [illegible].

[illegible] sous les rubriques [illegible] :

4) [illegible] ;
5) [illegible] de [illegible] à [illegible] ?

[illegible].

CHAPITRE VI.

LE COMMANDEMENT.

L'instruction. — Le service intérieur du régiment : le quartier. — Les bureaux. — Service d'escadron. — Le commandement dans l'armée italienne.

Le commandement est l'acte par lequel le chef divise le travail entre ses subordonnés ; ceux-ci orientés sur le but à atteindre choisissent les moyens qui leur semblent les plus propres pour y arriver : ils ont l'initiative, c'est-à-dire *la liberté dans l'exécution.* Ces principes, d'après lesquels les unités de tout ordre doivent être commandées, sont plus ou moins mis en pratique dans les différentes armées et cependant, bien que ces vérités soient en quelque sorte passées à l'état d'axiomes, elles ne sont pas toujours formulées dans les règlements. Nous les trouvons énoncées avec un rare bonheur d'expression dans le service intérieur de la cavalerie italienne.

Ce règlement, au frontispice duquel nous trouvons le mot initiative, nous prévient qu'il ne donnera que des règles générales et qu'il se gardera de descendre dans le détail, pour ne pas empiéter sur les attributions des chefs de corps : ses prescriptions sont contenues dans un volume de 80 pages du format de nos théories.

Le chapitre de l'instruction que nous allons citer presque textuellement fait l'objet des premières leçons données dans les écoles militaires et dans les cours faits aux élèves gradés. Tous ceux qui sont appelés à commander doivent le savoir par cœur, nous sommes persuadés que nos lecteurs le liront à leur tour avec intérêt.

L'instruction.

« *En raison même de l'initiative qui lui est attribuée par les règlements, le chef de corps a le devoir étroit de laisser à ses subordonnés une liberté d'action proportionnée à leur grade :* l'initiative, qui doit être la caractéristique de l'officier de cavalerie et sa première qualité, ne se manifestera pas en campagne si, dès le temps de paix, on a contracté l'habitude d'attendre des ordres pour agir et de ne rien faire sans une instruction prévoyant les plus petits détails.

Il faut indiquer aux subordonnés le but à atteindre et les juger ensuite sur les résultats qu'ils ont obtenus, alors qu'on leur avait laissé toute liberté pour agir.

La liberté d'action et la responsabilité qui en découle sont les stimulants les plus propres à mettre en œuvre toutes les facultés des exécutants ; ceux-ci déploient toute l'activité dont ils sont capables et obtiennent par là d'excellents résultats dans l'instruction et l'éducation des troupes.

Le chef doit exercer une vigilance constante, mais il n'interviendra que pour signaler les erreurs, les manquements au règlement, et réprimer, s'il le faut, la mauvaise volonté ou la négligence.

L'initiative est la qualité de ceux qui ont confiance en eux. Pour inspirer ce sentiment à ses subordonnés, il faut, après leur avoir montré le but à atteindre, leur laisser le choix des moyens ; l'exécution donnera ensuite lieu à une critique n'impliquant aucunement le reproche ou le blâme. Les moyens employés pour obtenir un même résultat sont parfois très nombreux ; si donc le subordonné a agi d'une façon rationnelle, il ne doit pas être critiqué, quand bien même le chef appelé à le juger ne partagerait pas entièrement sa manière de voir. »

Il faut respecter la gradation hiérarchique dans l'instruction comme dans l'accomplissement de tous les devoirs militaires. Un supérieur, quel que soit son grade, ne doit donc donner des ordres qu'aux chefs qui sont ses suborbonnés directs. Il n'est lui-même responsable que vis-à-vis son chef immédiat.

Si l'on ne se conforme pas à ce principe, on s'expose à porter

préjudice à l'instruction et à déplacer et confondre les attributions
et les responsabilités.

*Les règlements donnent des règles directives suffisantes pour l'édu-
cation et le dressage des troupes.* Ils sont basés sur le principe que
toute prescription ne trouvant pas son application sur le champ
de bataille est superflue, parce qu'elle vient détourner l'attention
des détails importants. Les colonels et les chefs de tout grade
doivent donc s'abstenir d'ajouter au règlement des instructions
écrites ou verbales qui porteraient atteinte à la liberté d'action
de leurs subordonnés, en les limitant dans le choix des méthodes
d'instruction.

Le chef de corps surveille de haut la marche du service et laisse
à ses sous-ordres le soin de s'occuper des détails. La tâche élevée
qui lui est dévolue consiste à entretenir l'esprit de corps dans le
régiment, la camaraderie parmi les officiers, à stimuler l'activité
de ses subordonnés, à leur donner tout le bien-être possible, à
s'assurer que les officiers s'occupent avec sollicitude de leurs hommes ; il donne à tous l'exemple de l'observation rigoureuse des
règlements, de la justice la plus stricte dans les punitions et dans
les récompenses ; il dirige *de haut* l'éducation et l'instruction de
la troupe et apporte tous ses soins à la culture intellectuelle et
morale des officiers.

« *Tels sont les officiers, telle sera la troupe.* Si le chef est à la hauteur de la mission élevée qui lui incombe, s'il unit le savoir, l'activité et la persévérance à cet esprit chevaleresque qui fait passer
l'honneur et le devoir avant le bien-être, il fera bientôt partager
ses sentiments à la troupe qu'il commande : le soldat s'inspire
toujours des exemples de ses chefs et règle son attitude sur la
leur. »

Le chef de corps, assisté par les officiers supérieurs, doit diriger avec soin l'éducation des officiers. Ceux-ci ne doivent pas seulement être en état d'instruire et de commander leur unité, mais
ils ont l'obligation de se mettre en mesure d'exercer les fonctions
des grades supérieurs qui leur seront souvent attribuées, surtout en
campagne.

La seule connaissance des règlements ne suffit pas aux officiers. Pour
que les prescriptions réglementaires soient bien comprises et in-

telligemment appliquées, il faut que les officiers possèdent un bagage de connaissances militaires très étendues. Il est donc indispensable de leur donner le temps et les moyens de s'instruire ; de là la nécessité d'organiser des exercices de cadres et des conférences sur des sujets militaires.

Pour être instructives, les conférences doivent être en quelque sorte contradictoires. Il faut que les idées émises puissent être immédiatement discutées. Cet échange d'idées aura pour effet d'habituer les officiers à s'exprimer avec clarté et facilité.

Il est recommandé au chef de corps de charger les officiers les plus aptes de se tenir au courant de toutes les publications militaires pour en donner à leurs camarades le résumé et les conclusions.

Les manœuvres sur la carte habituent les officiers à prendre rapidement une décision dans des situations données. Ces exercices doivent être dirigés avec un esprit très large...

Le règlement de manœuvres, le service en campagne et la tactique des trois armes pourront être étudiés avec fruit par ce moyen ; au lieu des principes abstraits, on étudiera des situations concrètes. Il sera particulièrement intéressant de faire de la sorte des exercices de découverte en donnant à l'exploration toute l'ampleur qu'elle comporte, ce qu'on n'a jamais l'occasion de faire dans la pratique.

Les corps doivent exécuter dans les environs de leurs garnisons des manœuvres avec ennemi représenté. Le directeur doit éviter d'intervenir au cours de la manœuvre, même quand une erreur se commet, parce que l'on peut tirer d'utiles enseignements des fautes elles-mêmes ; la critique finale donne l'occasion de les relever.

La plus grande attention doit être apportée à l'éducation des jeunes officiers : leur éducation morale et intellectuelle doit être parachevée dans les corps.

Le colonel encourage les officiers à s'adonner à tous les exercices physiques : l'équitation de campagne, l'escrime, la natation, les courses, les marches de résistance. C'est ainsi qu'on développe chez l'officier la confiance en soi et la hardiesse à cheval.

L'instruction militaire du soldat doit être accompagnée de l'éducation morale. En lui inculquant le sentiment du devoir, on facilite la tâche de l'instructeur. L'éducation militaire a principalement pour objet de développer chez le soldat le sentiment de la dignité personnelle, de la conscience de sa valeur comme homme et comme soldat et de la confiance dans ses camarades et dans ses chefs.

L'officier doit ne jamais se relâcher dans ses exigences avec les hommes : ce qu'il obtenait d'eux lors de leur arrivée sous les drapeaux, il doit l'exiger encore quand ils sont depuis quelque temps au service.

L'instruction et l'éducation individuelle doivent être poussées aussi loin que possible en raison de la mission qui incombe aujourd'hui à la cavalerie tant sur le théâtre des opérations que sur le champ de bataille.

Il faut que tout cavalier soit doté d'un caractère entreprenant et agressif, soit familiarisé avec les allures rapides, les longues marches et le danger, s'oriente rapidement et sache d'un coup d'œil apprécier le terrain et l'ennemi, que dans ses rendus comptes on trouve la plus grande exactitude, qu'il se rallie en un clin d'œil derrière ses chefs après un engagement. Il faut aussi que dès les premiers jours il prenne cette attitude militaire qui révèle un esprit discipliné et le sentiment de la dignité de l'uniforme. Sur les rangs, les anciens ne doivent pas avoir une attitude moins correcte que les recrues ; s'il en était autrement, ce serait un indice de relâchement dans la discipline.

Le commandant d'escadron profite de toutes les circonstances, où sa troupe est réunie, pour distribuer publiquement le blâme ou les éloges, pour éveiller le sentiment du devoir et de l'honneur militaire, l'esprit de sacrifice et de dévouement à la patrie et à la maison de Savoie.

Les événements de la vie quotidienne et principalement ceux qui ont motivé les punitions servent d'arguments à l'instruction morale de la troupe ; des théories sont faites en outre sur les devoirs pendant le combat, l'historique du corps et les épisodes de l'histoire nationale.

Le commandant d'escadron sera toujours écouté quand il parlera avec son cœur, quand il fera vibrer dans ses paroles la note du sentiment et leur donnera plus de poids par ses exemples.

Dans les théories, on doit viser à développer l'intelligence du cavalier et son moral : il faut donc éviter d'employer un jeu de demandes et de réponses toutes faites qui ne mettraient en œuvre que la mémoire du cavalier.

En raison du peu de temps passé sous les drapeaux, on ne doit jamais perfectionner une partie de l'instruction en lui attribuant le temps donné à une autre branche et au détriment de celle-ci.

Un moyen très efficace pour obtenir de bons résultats est de susciter et d'entretenir l'émulation.

En cultivant l'esprit du soldat, on facilite son éducation. Les officiers doivent donc apporter tous leurs soins à cette œuvre ; c'est le moyen le plus sûr de gagner l'estime et l'affection de leurs subordonnés. Un cours est institué dans chaque escadron pour les illettrés. Des leçons sont données aux soldats et caporaux qui, en raison de leurs aptitudes militaires, pourraient faire de bons caporaux ou sergents, mais n'ont pas le degré d'instruction requis. Enfin quand, sans avoir appartenu à un peloton d'élèves-sergents, un caporal ou un caporal-major désire obtenir le grade de sous-officier, on le met en mesure de compléter son instruction.

Le colonel prescrit le passage des officiers ou des sous-officiers d'un escadron à l'autre quand l'intérêt du service l'exige.

Pour que le travail des officiers et de la troupe donne de bons résultats, il faut que chacun y prenne part avec entrain. Pour cela, le chef exige de ses subordonnés l'accomplissement rigoureux de leur tâche, leur témoigne l'estime qu'ils méritent, introduit la variété dans le tableau de travail et respecte l'initiative de chacun d'eux.

Tels sont les moyens les plus propres d'éviter l'ennui qui peut nuire à la valeur morale de la troupe.

Le cours d'instruction est annuel : il commence lors de l'arrivée des recrues. Le chef de corps fixe l'époque à laquelle l'école de régiment devra être terminée afin de pouvoir aborder l'école de brigade. Il peut également, quand c'est absolument nécessaire pour la marche générale du service, assigner à certaines instructions une durée déterminée.

Il fixe l'époque à laquelle les escadrons et demi-régiments devront pouvoir lui être présentés.

Le programme d'instruction de la troupe doit avoir été épuisé avant le renvoi de la classe la plus ancienne. Entre le départ de la classe et l'arrivée des recrues, on perfectionne l'instruction à cheval de la classe la plus jeune.

Les instructions de toute nature se font par escadron, à l'exception des cours des élèves-caporaux, des élèves-sergents, des élèves-officiers de complément, des volontaires d'un an, des trompettes, des sapeurs, des musiciens, des conducteurs, des brancardiers, des caporaux et gradés.

Le programme d'instruction est en tout point semblable au nôtre. Il ne comporte pas d'escrime pour les cavaliers. Les officiers et les sous-officiers seuls apprennent la contre-pointe.

Indépendamment du travail de régiment, les corps prennent part à des manœuvres de garnison, qui ont lieu deux fois par semaine quand l'école de régiment est terminée.

L'instruction des recrues se fait par escadron. Elle doit être terminée six mois après leur arrivée au corps; elle peut également, si les différentes périodes ont été abrégées, ne durer que cinq mois. Au bout de ce laps de temps, les recrues doivent être mobilisables. C'est alors seulement qu'ils deviennent disponibles pour le service intérieur, le service de place et les revues.

Le chef de corps constate par un examen, à la fin de cette première période, le degré d'instruction des recrues. Tous les officiers du demi-régiment et les officiers supérieurs et capitaines du corps sont présents à cette inspection, qui est entourée d'un certain apparat.

Les élèves-caporaux sont choisis parmi les recrues qui montrent le plus d'aptitudes militaires plutôt que parmi ceux qui ont une instruction très développée. *Les qualités du caractère doivent chez eux primer celles de l'intelligence.*

Les élèves-caporaux sont choisis lors de l'inspection de l'instruction des recrues. Quand ceux-ci sont reconnus aptes à faire le service avec les anciens, les élèves-caporaux sont mis à part et forment un peloton par régiment. On les nomme généralement au grade de caporal lors du renvoi de la classe. Ils sont nommés en principe dans l'escadron où ils ont fait leurs classes comme recrues. Les capitaines commandants ont par suite tout intérêt à choisir de la façon la plus judicieuse les futurs gradés qui leur reviendront.

Les exercices d'entraînement ont lieu dans la bonne saison de préférence, à raison d'un exercice par semaine. Si, pour une raison quelconque, l'exercice d'une semaine n'a pas eu lieu, on en fait deux la semaine suivante. On part d'un minimum de 25 kilomètres et on suit une progression qui doit amener la troupe à parcourir à la fin de l'été 80 kilomètres pendant plusieurs jours consécutifs sans que les hommes et les chevaux soient épuisés. Le chiffre de 80 kilomètres est un maximum.

Ces exercices d'entraînement sont en même temps des séances de service en campagne.

Les commandants de demi-régiments inspectent leur troupe quand ils le jugent à propos ; ils constatent surtout le degré d'instruction des gradés.

Le général de brigade passe l'inspection de toutes les parties de l'instruction au terrain de manœuvres et en terrain varié, quand la période des exercices du régiment est terminée. Il porte son attention sur l'instruction des officiers.

Les commandants de corps d'armée inspectent les troupes de leur région quand ils le jugent à propos. Autant que possible les autorités, quel que soit leur grade, évitent de troubler la marche de l'instruction par ces inspections. Le tableau de travail et la progression tracée au commencement de l'instruction par les chefs responsables doivent être respectés.

Service intérieur du régiment.

Le service intérieur devant absorber le moins possible les troupes, est assuré au moyen du personnel strictement indispensable.

Le quartier.

Le chef de corps fait loger au quartier le nombre d'officiers qui lui paraît nécessaire pour y assurer l'ordre ; il désigne de préférence ceux qui en font la demande. Les officiers logés de la sorte ne paient aucun loyer pour leurs chambres et pour les meubles.

S'il y a en outre un certain nombre de chambres disponibles, le colonel les accorde contre un loyer modeste aux officiers qui en font la demande.

Un médecin et un vétérinaire habitent en permanence le quartier.

Les chevaux d'officiers sont logés au quartier dans des écuries séparées ou en ville si les officiers le demandent.

Le chef de corps répartit entre les demi-régiments les locaux disponibles pour le logement des troupes ; les commandants de demi-régiments procèdent à la même répartition pour les escadrons. Le capitaine désigne à chaque peloton le local qui lui est affecté et le chef de peloton fixe les places des hommes et des chevaux.

Les fourriers-majors et les fourriers ont une chambre par personne. Les sergents sont réunis dans ces chambres dites de sous-officiers ; les caporaux et caporaux-majors habitent la chambre des hommes.

Les escadrons ont des dortoirs, des lavabos et des réfectoires.

A l'entrée du quartier, la majorité fait afficher le tableau de travail du régiment, les noms des hommes punis de prison et de consigne, les adresses des officiers et, en général, toutes les consignes et indications nécessaires au commandant de la garde de police et au sergent d'inspection.

Dans la chambre de l'officier de piquet, on trouve le double du cahier des charges des fournisseurs.

Le capitaine fait afficher sur la porte de chaque chambre les noms des hommes qui y sont logés. Ces noms sont inscrits par rang d'ancienneté ; si les gradés sont absents, le plus ancien sur la liste devient responsable de l'ordre.

Les bureaux.

Le bureau du colonel, assisté à cet effet de l'adjudant-major en premier, traite toutes les questions de personnel.

La majorité du régiment, bureau dirigé par l'adjudant-major en premier, assisté des adjudants-majors en second, traite tout ce qui concerne le service dans le régiment. Un bureau dit *majorité de demi-régiment* a les mêmes fonctions dans le demi-régiment.

Le bureau d'administration traite tout ce qui concerne la matricule et la comptabilité du corps. Il est dirigé par le rapporteur du conseil d'administration.

Le bureau d'escadron a les mêmes attributions qu'en France. A ce bureau est annexé un magasin d'escadron.

Les secrétaires prennent part à certains exercices et montent à cheval aux jours fixés par le chef de corps ; les plantons sont changés tous les trois mois.

Service du quartier.

L'officier le plus élevé en grade commandant l'une des unités logées dans un quartier est commandant du quartier.

Le service de régiment comprend toutes les opérations intéressant l'ensemble du corps. On y emploie :

A. — *Service de semaine :* un capitaine au fourrage, un adjudant-major en second, un médecin, un vétérinaire, un fourrier-major.

B. — *Service de jour :* un officier subalterne de piquet, un officier subalterne aux vivres, un sergent d'inspection, un caporal-major de majorité, la garde de police avec un trompette commandé par le caporal, le nombre indispensable de plantons à l'hôpital et à l'infirmerie des hommes, et les gardes d'écurie à l'infirmerie des chevaux.

Les adjudants-majors en second ne sont jamais de piquet ou de service aux vivres.

Quand un quartier sert pour moins de quatre escadrons, le service est simplifié. La garde de police se compose d'un caporal, de deux hommes et d'un trompette.

Service d'escadron.

Il comprend le service de semaine, auquel sont employés un officier et un sergent ou caporal-major, et le service de jour qui occupe le personnel suivant : un caporal de jour, un appointé chef d'écurie, les gardes d'écurie, les plantons aux chambres et les hommes de corvée.

L'ordinaire.

Une commission d'ordinaire est instituée sous la présidence d'un capitaine, de préférence celui du dépôt.

Il y a également une cuisine par escadron. Un caporal d'ordinaire et deux hommes sont chargés, avec l'aide d'hommes de corvée, de tous les détails de l'ordinaire. Un caporal-major est de service à la cuisine dans chaque quartier. L'officier aux vivres exerce sa surveillance sur la qualité des denrées.

Le tableau synoptique ci-dessous permet de comprendre d'un coup d'œil le fonctionnement du service et fait ressortir la dépendance réciproque des services de régiment placés sous la surveillance du commandant de quartier.

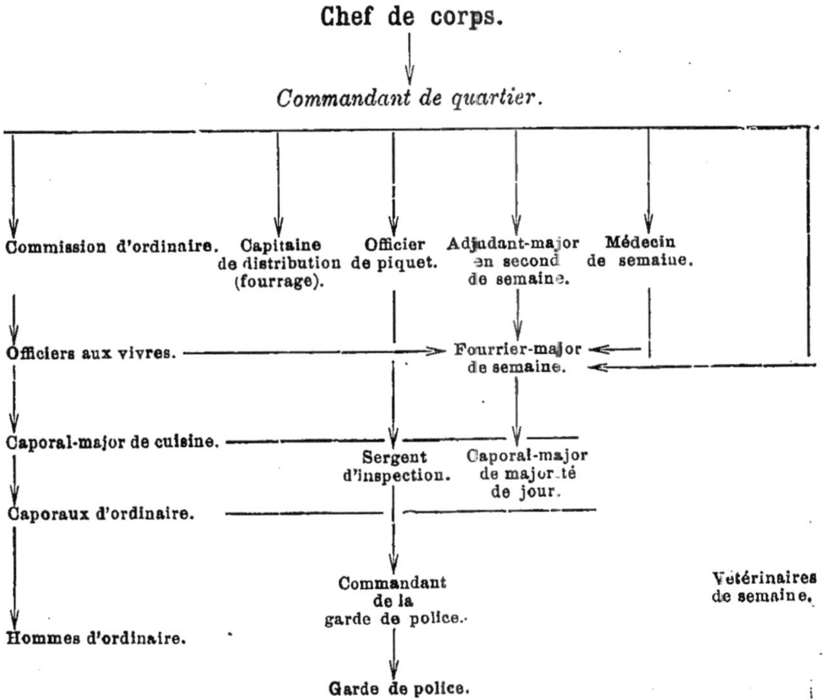

Nous n'entrerons pas dans le détail du fonctionnement de ces divers services, qui se fait, d'ailleurs, à peu près comme en

France. L'officier de piquet, qu'on ne trouve que dans les quartiers où sont réunis 4 escadrons au moins, a des attributions peu en rapport avec son grade ; ses fonctions sont remplies en France par l'adjudant de semaine. Le service intérieur ne donne que des indications générales sur la marche du service, en laissant aux chefs de corps et aux capitaines, dans leurs escadrons, toute latitude pour régler les détails d'exécution.

Grand rapport.

Le chef de corps réunit, quand il le juge à propos, les officiers, pour entretenir l'esprit de corps et donner de vive voix des instructions relativement à l'éducation de la troupe et à la marche du service.

Les officiers découverts se forment en cercle ; l'officier supérieur qui suit immédiatement le chef de corps se place à la droite de celui-ci, les autres officiers supérieurs à la gauche par rang d'ancienneté ; les adjudants-majors sont au second rang. Les officiers se placent à la droite du colonel, les capitaines au premier rang et les officiers subalternes à leur gauche ou derrière eux, par escadron.

Les médecins, les comptables et les vétérinaires se placent à la gauche des officiers derrière l'adjudant-major.

L'officier supérieur le plus élevé en grande présente le corps d'officiers au chef de corps. Il les appelle au rapport par ces mots : « Messieurs les officiers au rapport. » Ceux-ci saluent quand ils sont appelés au rapport et quand le colonel les congédie.

Le grand rapport a quelquefois lieu à cheval. Quand l'officier supérieur, qui appelle les officiers au rapport a le sabre à la main, ceux-ci se mettent au port du sabre.

Rapport journalier.

Les commandants de demi-régiments, le major rapporteur, l'adjudant-major en premier, le médecin et le vétérinaire chefs de service font chaque jour leur rapport au colonel. Les capitaines qui ont des hommes punis de prison ou de salle de police et les officiers auxquels le colonel désire parler viennent au rapport.

C'est là qu'est fixée par le colonel et les officiers supérieurs la durée des punitions.

Les ordres sont généralement affichés ou copiés à la presse et distribués.

Rassemblement du régiment.

Les corps de cavalerie doivent être habitués à se réunir rapidement pour être prêts à monter à cheval dans le moins de temps possible.

Le régiment est aussi dressé à monter à cheval par alerte le jour et la nuit.

Paiement de la solde à la troupe.

Un officier est présent quand les hommes reçoivent leur solde.

Retraite.

Il n'y a pas d'appel du soir. Une demi-heure après la retraite, qui a lieu entre 8 et 9 heures, on sonne l'extinction des feux ; les cantines et salles de lecture des sous-officiers sont fermées. Le sergent de garde ferme la porte du quartier et prend les noms des hommes rentrant en retard. A 11 heures, la clef du quartier est portée à l'officier de piquet. Des rondes s'assurent que tout est en ordre dans le casernement.

Les fourriers-majors, les fourriers et les sergents rengagés ayant plus de 5 ans de service ont en permanence l'autorisation de ne rentrer qu'une heure et demie après la retraite.

Salles de lecture et mess des sous-officiers.

Une salle de lecture convenablement meublée est généralement attenante au mess où les sous-officiers d'un régiment ou d'un demi-régiment vivent en commun.

Nous avons eu l'occasion de dire que les officiers vivent rarement en pension. Dans quelques régiments ils prennent ensemble le repas du matin.

Quand un supérieur se présente dans une salle où les officiers sont réunis pour le service, le plus élevé en grade fait le commandement : « *attenti* (garde à vous), messieurs les officiers ! »

Le *service en marche* est organisé de la même manière qu'en France. Nous ne reproduirons donc pas les prescriptions réglementaires à cet égard.

En résumé, le service intérieur italien est basé sur l'initiative et la responsabilité individuelle. Les opérations de toute nature qu'il comporte sont subordonnées à l'instruction ; elles occupent le moins de monde possible.

Le rôle du colonel est parfaitement défini. Il a avant tout la mission de veiller à l'instruction des officiers, il dirige *de haut* l'instruction et l'éducation de la troupe. Le règlement place à côté du colonel un auxiliaire destiné à le débarrasser de toute préoccupation relative aux détails du service journalier, c'est le commandant du quartier.

Les capitaines commandants sont les maîtres dans leurs escadrons. Toutefois, le dressage des gradés, même celui des caporaux, n'est pas fait sous leur direction.

Les relations de service en Italie sont empreintes d'une certaine raideur qu'on ne trouve plus dans les armées étrangères, même en Allemagne. Un supérieur ne donne pas ses instructions au cours d'une conversation, dans laquelle les subordonnés peuvent, sans manquer à la déférence due au chef, discuter une idée, poser des objections : ses prescriptions sont presque toujours données sous forme d'ordres. Nous avons vu tout à l'heure de quel apparat est entouré le colonel au grand rapport et quelle déférence les officiers doivent témoigner à un chef hiérarchique quand il entre dans le local où ils sont réunis pour le service. Ce formalisme avait sa raison d'être en Italie plus que partout ailleurs pour discipliner les contingents méridionaux enclins parfois à manquer de tenue. « Les formes ne sont pas tout, dit le général Marselli, mais elles sont nécessaires et font en quelque sorte partie de l'essence même de l'armée. Les formes, d'après Montesquieu, sont la garantie des institutions et j'ajouterai que le sentiment militaire commence par les formes et se traduit dans les formes.

« Un régiment bien commandé est une sorte d'être organisé, dont les nerfs sont tendus, dont le cœur bat et dont les organes fonctionnent sans se gêner les uns les autres et sans troubler le mouvement général.

« Bien que le colonel délègue une part de son autorité aux commandants, et oblige ceux-ci à laisser à leur tour beaucoup d'initiative à leurs capitaines, il n'a pas à craindre de voir ses sous-ordres, les commandants ou l'adjudant-major, empiéter à un moment donné sur ses propres attributions. Il existe des obligations, des traditions, des coutumes qui obligent celui qui commande à se souvenir de son autorité et qui rappellent les subordonnés à l'obéissance. Un capitaine ne se permet pas de traiter directement une affaire de service avec le colonel sans en avoir au préalable demandé la permission..... A l'heure du rapport chacun prend sa place et se souvient de ses droits comme de ses devoirs, si à d'autres moments, il a pu oublier les uns ou les autres. Les officiers se rangent par unité et sont dans la position prescrite par le commandement : *attenti !* (garde à vous !) — Chacun doit s'occuper des questions qu'il va traiter. Le colonel s'occupe de tout. On lui rend compte, il conseille, punit, loue. S'il désire connaître l'avis de ses subordonnés, ce qui arrive très rarement, l'échange d'idées a lieu en présence même des commandants ; la hiérarchie est donc respectée. — L'observation des formes de la discipline, cette intonation militaire qui domine tout, le son des trompettes qui vient de la cour, tout rappelle au colonel son autorité et aux autres la subordination. Ce qui prouve que les formes mécaniques ont leur raison d'être. »

Le commandement : *attenti !* est l'affirmation de la hiérarchie, dont le respect est la base même des institutions militaires. Non seulement les subordonnés doivent la respecter dans leurs relations avec leurs chefs, mais celui qui commande doit aussi en observer les règles dans ses relations avec ses inférieurs. Il est bon que le colonel donne, une fois par semaine, audience plénière à ses capitaines en présence des majors. Si, en dehors du grand rapport, le colonel veut s'adresser directement à ses capitaines ou à d'autres officiers, il ne peut le faire à l'insu des officiers supérieurs. Il est obligé, par les règles mêmes de la vie militaire, d'accepter leur présence à son entretien..... « Le colonel, ce dieu tutélaire du régiment, est une des rares personnalités qui aient conservé leur autorité au milieu des révolutions qui ont bouleversé la hiérarchie. Son pouvoir n'est cependant pas absolu : le régiment est un être organisé qui a sa vie propre, et qui réagirait contre tout abus d'autorité. »

Il semble que le règlement dans le service intérieur du 1er octobre 1892 ait pris à tâche de réaliser les idées émises en 1889 par le général Marselli.

Le commandement dans l'armée italienne.

Nous venons de voir dans quelles conditions s'exerce en Italie le commandement d'un escadron ou d'un régiment. Il est intéressant de continuer notre étude et de rechercher si les généraux trouvent dans l'accomplissement de leurs devoirs journaliers l'occasion d'acquérir la pratique du commandement et d'entretenir les qualités de caractère, dont ils devront faire preuve en campagne. Ont-ils de l'initiative comme les capitaines commandants et les colonels ?

Lors de la formation du royaume d'Italie, l'armée était composée d'éléments peu homogènes. Pour former un tout compact avec des régiments animés d'un esprit très différent, il était indispensable, au début surtout, de leur imprimer une impulsion unique ; de là la centralisation qui donna au ministre de la guerre les moyens d'action nécessaires pour créer l'armée nationale.

Après l'expérience des guerres de 1866 et 1870, l'Italie voulut imiter ses voisins en adoptant le système de nation armée et en organisant la mobilisation d'après les méthodes prussiennes. Ce programme put être assez rapidement réalisé, grâce aux pouvoirs étendus conférés au ministre de la guerre.

Enfin, celui-ci se trouvait aux prises avec un problème bien difficile à résoudre : entretenir l'armée et le matériel de guerre avec un budget que partout ailleurs on eût jugé insuffisant. Le ministre se vit par suite dans la nécessité de baser l'administration de l'armée sur le principe de l'économie la plus stricte et se réserva la solution de toutes les questions entraînant des dépenses pour l'État.

Le pouvoir central est donc organisé en Italie plus fortement que partout ailleurs : le ministre commande et administre l'armée.

Une certaine décentralisation s'est opérée au profit des chefs de corps, qui ont vu s'étendre leurs attributions, mais non au profit des généraux qui sont devenus en quelque sorte des organes de transmission, des intermédiaires entre ces deux autorités fortement constituées : le ministre et le colonel.

Il était nécessaire cependant de donner un but à l'activité des généraux : ce fut la raison d'être de la paperasserie, dont se plaint amèrement aujourd'hui l'armée italienne.

Le papier représente le travail facile : les solutions prises dans une administration paperassière sont basées non point sur la logique mais sur les précédents. Une difficulté se présente, on recherche pour la résoudre ce qui s'est fait l'année d'avant. Dans ces conditions, le chef se dispense de prendre un parti : il applique simplement un texte. Sa décision aura en quelque sorte un caractère impersonnel et sa responsabilité sera à couvert.

La routine paperassière n'est donc pas faite pour développer chez un chef l'initiative et la décision, elle favorise la paresse de l'intelligence et, ce qui est plus grave, de la volonté.

En Italie l'activité du ministre et celle des généraux se manifestent par l'envoi de nombreux papiers. Il eût été cependant bien facile, dans une armée où l'on n'avait pas à rompre avec les traditions du passé, d'organiser le commandement sur de tout autres bases. Les Italiens auraient pu prendre à cet égard les Allemands comme modèle, si le caractère national l'eût permis. L'Italien est plus intelligent que l'Allemand, il a la conception plus rapide, mais il est moins bien doué sous le rapport du caractère : chez lui la volonté est paresseuse. Voilà pourquoi il aime, malgré tout, ce *regime cartaceo*, cette paperasserie qui le dispense de vouloir et souvent de penser.

L'Allemand n'a pas l'imagination brillante du méridional, mais il s'assimile aisément les idées des autres et il en poursuit la réalisation avec la persévérance et la ténacité qui sont les principales qualités de sa race. La décentralisation s'est opérée depuis longtemps dans l'armée allemande, le principe de la division du travail y est appliqué aujourd'hui. Quand un cas difficile se présente, l'autorité locale se prononce, — on n'écrit pas, — c'est tout au plus si on rend compte.

Ce que nous venons de dire des Allemands et des Italiens s'applique plus ou moins aux autres nations européennes. Les peuples du Nord, l'Angleterre, la Suède, la Russie, ne sont pas des peuples paperassiers : c'est dans le Midi, dans le pays « où l'oranger fleurit », qu'on a l'amour du papier et la crainte des responsabilités, en Turquie, en Roumanie, en Grèce, en Espagne. L'Italie, qui a basé l'organisation du haut commandement sur la centralisation à outrance et partant la paperasserie, se serait donc conformée, sans s'en douter peut-être, à une loi géographique.

CHAPITRE VII.

L'ARMEMENT ET LE TIR.

La carabine. — Le revolver. — La lance. — Le sabre. — L'enseignement du tir.
Le tir à la cible.

La carabine.

La cavalerie italienne est aujourd'hui encore armée de la carabine modèle 1870 système Vetterli, à percussion centrale, au chargement coup pour coup. Nous n'en ferons pas la description qu'on peut trouver d'ailleurs dans les cours d'artillerie de nos écoles. Aussitôt que l'infanterie sera complètement pourvue du fusil à répétition modèle 1891, la cavalerie recevra à son tour une arme du même modèle.

La carabine de cavalerie est munie d'une baïonnette. Les raisons qui l'ont fait adopter sont intéressantes à connaître ; nous allons les exposer.

La cavalerie étant en mesure de combattre à pied peut être chargée de l'attaque et de l'occupation d'une lisière de bois ou de village inabordable à cheval. Il est par suite logique que, après avoir agi par le feu, les cavaliers à pied puissent chasser l'adversaire de ses retranchements par la menace du choc à l'arme blanche, de l'attaque à la baïonnette.

Les cavaliers combattant à pied peuvent se trouver surpris en rase campagne par un parti de cavalerie. Théoriquement le fusil leur assure la supériorité sur l'assaillant. Mais après avoir tiré, auront-ils le sang-froid nécessaire pour recharger, ajuster et tirer de nouveau ? — C'est assez douteux. Ils seraient donc à la merci de leurs adversaires, sans la baïonnette avec laquelle ils peuvent encore lutter contre le sabre et la lance...

Enfin, la cavalerie devra souvent protéger ses cantonnements en défendant la lisière des localités occupées. Elle aura peut-être à repousser une attaque vivement menée. Si l'assaillant met la baïonnette au canon, le défenseur qui ne disposerait pas de l'arme blanche se trouverait dans une situation des plus défavorables, et cesserait bien certainement de disputer le terrain à l'attaque...

Un autre argument, que firent valoir les partisans de la baïonnette, celui peut-être qui décida son adoption, fut celui-ci : « La « baïonnette proposée n'a, malgré sa longueur (0^m,464), qu'un « poids négligeable. Elle est habituellement encastrée dans le fût « de l'arme et par suite ne gêne aucunement le cavalier. En ne « l'adoptant pas, on priverait donc *sans aucun profit* les hommes « exécutant le combat à pied d'une arme puissante, facile à manier, « dont l'effet moral sur l'ennemi est incontestable ».....

Voici sur la carabine quelques renseignements intéressants :

Poids de l'arme . . . . 3^{kg},170
Longueur de l'arme, la baïonnette étant encastrée dans son logement . . . . 0^m,928
Longueur de l'arme avec la baïonnette au canon . 1^m,391

Le canon est pourvu de quatre rayures héliçoïdales : la partie rayée a une longueur de 390 millimètres.

La baïonnette a une lame quadrangulaire en acier trempé, son poids est de 240 grammes, la longueur de la lame est de 0^m,464 ; elle est logée dans un canal pratiqué dans le fût de la carabine. Le tir est certainement influencé par la position de la baïonnette ; quand celle-ci est plantée au bout du canon, le centre de gravité de l'arme se déplace en avant, le bras gauche du tireur est surchargé. Il serait facile de remédier à cet inconvénient en diminuant la longueur de la baïonnette. Enfin nous estimons qu'avec les progrès réalisés en métallurgie, rien n'empêcherait de réduire sensiblement le poids de la lame sans nuire à sa solidité. On pourrait en lui donnant une forme plate et affilant le tranchant, doter le cavalier d'un couteau qui rendrait les plus grands services au cantonnement. Ce couteau de chasse serait porté à la ceinture afin qu'en aucun cas le cavalier ne s'en séparât. S'il était fixé à la selle, on ne manquerait pas, en effet, de l'oublier au moment du combat à pied.

Les munitions sont : la cartouche à balle, la cartouche à mitraille et la cartouche à blanc.

La cartouche à balle pèse 34^g,1 ; sa longueur est de 66^{mm},15. La balle de plomb tréfilé pèse 20 grammes, son diamètre est de 10^{mm},7, sa longueur de 25^{mm},6. Le culot de la balle est légèrement évidé, la partie antérieure est de forme ogivale.

Les cartouches sont réunies en paquets de huit.

La charge de poudre se compose de 3 grammes de poudre à fusil (noire).

La cartouche à mitraille pèse 46^g,5, sa longueur est de 66^{mm},1 ; elle contient dix projectiles, une petite balle placée à la partie antérieure et neuf segments de plomb d'un poids total de 30^g,3. La cartouche à mitraille sert principalement pour le service de garde : elle est employée également par les troupes chargées du maintien de l'ordre.

Les cavaliers portent une giberne en cuir noir pouvant contenir trois paquets de cartouches modèle 1870.

En temps de paix, les magasins des corps contiennent 16 cartouches par homme armé de la carabine. Quand celles-ci sont distribuées, les cavaliers armés de la lance les placent dans la sacoche gauche du bissac et les cavaliers armés du sabre dans la sacoche droite. Quand la troupe est chargée du maintien de l'ordre, les cavaliers placent leurs cartouches dans la giberne.

En campagne, les cavaliers portent cinq paquets, soit 40 cartouches. Trois paquets sont placés dans la giberne, les deux autres dans le bissac. Quand les hommes mettent pied à terre pour combattre, ils doivent avoir soin de reprendre les deux paquets.

La carabine modèle 1891, qui est adoptée en principe et sera mise en distribution aussitôt que possible, est du calibre de 6^{mm},5. L'Italie ne s'est pas hâtée de suivre l'exemple des nations voisines en adoptant dès 1887 le fusil à petit calibre. Aussi a-t-elle pu choisir un modèle d'arme en pleine connaissance de cause ; elle a su mettre à profit l'expérience acquise par ses voisins, souvent à leurs dépens. Les qualités balistiques de la nouvelle arme sont mises en évidence par ces mots du manuel de tir de l'infanterie : « En guerre, « la hausse de 450 mètres sert pour tous les tirs de zéro à 500 « mètres. » La carabine brûle les mêmes munitions que le fusil modèle 1891. La cartouche pèse 22 grammes. La balle de plomb recouverte de maillechort pèse 10⁶,5 ; la charge de poudre sans fumée (*balistite*) est de 1⁶,95. Une cartouche à mitraille servira pour le service de garde et le maintien de l'ordre public. Elle contiendra dix fragments de plomb durci.

Les cartouches sont réunies dans des chargeurs destinés à faciliter leur entrée dans le magasin de l'arme. Trois chargeurs pourvus de leurs cartouches forment un paquet.

Le revolver.

Le revolver de troupe modèle 1874 est du système Chamelot-Delvigne : il est à 6 coups, à mouvement continu ou à tir intermittent et tire une cartouche métallique à percussion centrale. Son poids est de 1ᵏ,150, sa longueur totale de 0ᵐ,315. Nous n'entrons pas dans le détail du fonctionnement de cette arme, qui présente beaucoup d'analogie avec notre revolver modèle 1874.

La cartouche pèse 18⁶,3 et a une longueur de 32ᵐᵐ,25. La balle pèse 11⁶,6 et a un diamètre de 10ᵐᵐ,8 et une longueur de 15 millimètres ; son culot est évidé. La charge est de 1⁶,2 de poudre à fusil.

Voici les principes sur le tir au revolver que nous trouvons dans le manuel de tir de la cavalerie :

« 1° Aux distances de 15, 25 et 50 mètres on vise au-dessous du centre du but à 16, 25 ou 30 centimètres. A 100 mètres on vise directement le centre du but.

2° Une dérivation à gauche très sensible se produit aux distances de 15, 25 et 50 mètres. On doit par suite viser suivant le cas à 8, 10 et 15 centimètres à droite du point à atteindre.

3° A cheval on ne tire pas à plus de 5 mètres. On peut toutefois tirer sur un groupe à 100 mètres.... »

En réalité, au delà de 25 mètres le revolver modèle 1874 donne des résultats plus que médiocres ; en raison sans doute de la mauvaise confection des cartouches, les ratés sont fréquents. De plus, dans le tir continu, on recommande d'agir sans précipitation sur la détente, sous peine de produire l'enrochement du mécanisme et l'arrêt du mouvement. Or, comme on se sert généralement du tir continu quand on est pressé, ces recommandations ne sont pas applicables dans la pratique.

Le revolver modèle 1874 est en résumé une mauvaise arme ; seules des raisons d'ordre budgétaire ont pu le faire conserver jusqu'ici.

Plus tard on adoptera sans doute le revolver modèle 1889 donné aux officiers d'infanterie, d'état-major, d'artillerie et du génie ainsi qu'aux médecins et vétérinaires.

Cette arme pèse $0^k,910$; sa longueur est de $0^m,235$, la longueur du canon est de $0^m,1145$. Elle est à platine rebondissante. Le montage et le démontage s'opèrent avec une grande facilité. L'enrochage du mécanisme ne se produit pas dans le tir continu comme avec le revolver modèle 1874. Son calibre est de $10^{mm},35$. La cartouche pèse 17 grammes. La balle de plomb, revêtue d'une chemise d'étain, pèse $11^g,35$. La charge est de $0^g,6$ de balistite.

En campagne, les officiers portent 3 paquets de 6 cartouches chacun.

Le revolver modèle 1889 est très supérieur à l'ancien tant sous le rapport de la simplicité du mécanisme, que pour la justesse. Jusqu'à 30 mètres on obtient dans le tir des résultats très satisfaisants. La puissance de pénétration de la balle est considérable, puisque, si on tire avec un angle de 3°, la balle tombe à 1,150 mètres. Malgré cela, le revolver modèle 1889 est destiné, à cause de son gros calibre, à prendre place bientôt parmi les armes démodées.

Le revolver n'est pas en faveur dans la cavalerie italienne : on s'est bien gardé de le donner aux lanciers. Nous lisions, il y a quelques années, dans une revue militaire italienne cette réflexion, qui nous paraît très juste : « Le revolver est une arme délicate qu'on doit mettre le moins possible entre les mains des cavaliers. Ceux-ci s'en serviraient malgré toutes les défenses dans le combat de cavalerie, pendant la mêlée, et frapperaient indistinctement amis et ennemis. Le revolver devrait être donné uniquement aux officiers et aux carabiniers. »

La lance.

La lance pèse sans son fourreau et les courroies 2^k,550 ; la longueur de la lame est de 0^m,231 (de la rosette à la pointe) ; la longueur totale de l'arme est de 2^m,95. La lance est en bois de frêne, immergé au préalable dans du pétrole. Une flamme peut être fixée à l'extrémité de l'arme. Celle-ci n'est pas en main et manque de solidité.

Le sabre.

Le sabre de cavalerie modèle 1871 est destiné à pointer et à sabrer. Son poids est de 1^k,020, le poids du fourreau de 0^k,700, la longueur de la lame de 0^m,908 ; elle est légèrement incurvée. Le

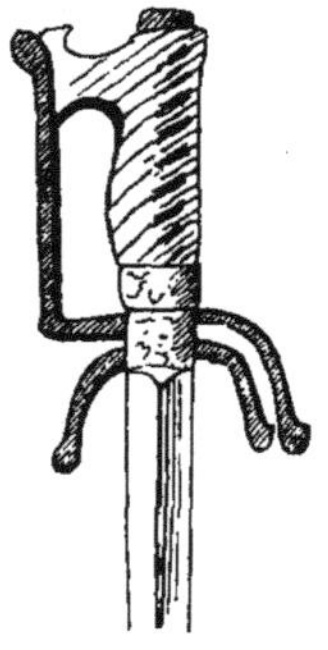

Sabre marocain.

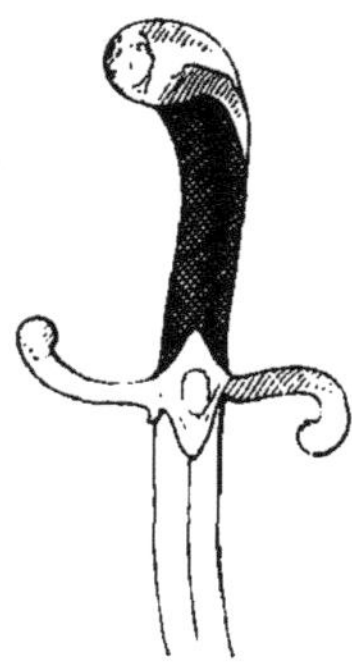

Sabre turc.

Fig. 1.

fourreau est en tôle d'acier. Le sabre italien est bien mieux en main que le nôtre, nous allons expliquer pourquoi.

Pour qu'un sabre soit bien en main, il faut que le centre de gravité de l'arme se trouve sur l'axe tracé par la poignée et le dos de la lame. Cette condition se trouve réalisée dans les fleurets de nos salles d'armes ou encore dans les sabres turcs, marocains, japonais, persans, chinois, indous (fig. 1), qui présentent une symétrie complète par rapport à l'axe du dos de la lame. Le centre de gravité de l'arme est d'ailleurs plus ou moins rapproché de la pointe suivant que le sabre est destiné à sabrer ou à pointer. Dans les sabres orientaux, le centre de gravité se rapproche beaucoup de la pointe, parce qu'en Orient on se sert surtout du tranchant. Dans les sabres européens, le centre de gravité se rapproche de la poignée, mais *il n'est pas placé sur l'axe jalonné par le dos de la lame ; les sabres européens ne sont pas en main.*

Si nous examinons l'un quelconque des sabres en service dans les cavaleries européennes, nous constatons que l'ensemble constitué par la poignée et la garde ne présente aucune symétrie (fig. 2). La garde est destinée à protéger la main contre les coups de sabre, elle doit donc être dotée d'une assez grande solidité. La solidité ne s'obtient qu'en donnant aux branches de la garde une épaisseur plus ou moins grande suivant le degré de dureté du métal et, par suite, en leur attribuant un poids plus ou moins considérable. La garde de notre sabre est en cuivre, métal lourd et mou. Il est évident que la tôle d'acier offre, sous une épaisseur bien moindre, une résistance égale à celle du cuivre. Dans la poignée de notre sabre, le centre de gravité A (fig. 2) se

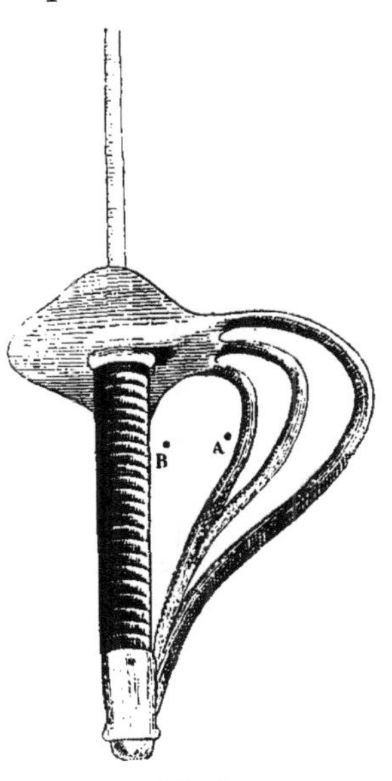

Fig. 2.

trouve très rapproché des branches de la garde, celle-ci étant en cuivre. Supposons la garde en tôle d'acier, comme dans le sabre italien, son épaisseur diminue, le centre de gravité B se rapproche de la poignée et, par suite, de l'axe jalonné par le dos de la lame, le sabre est déjà plus en main.

Si nous considérons séparément dans un sabre (fig. 3) le centre de gravité de la lame A et le centre de gravité de l'ensemble formé par la poignée et la garde B, il est bien évident que le centre de gravité de l'arme se trouvera sur la ligne reliant le point A au point B ou au point C divisant la ligne AB en deux segments, dont la longueur est donnée par la proportion

$$\frac{\text{Poids de la lame}}{\text{Poids de la poignée}} = \frac{\text{BC}}{\text{CA}}$$

L'arme n'étant pas symétrique, par rapport à l'axe du dos de la lame, le centre de gravité de l'arme est par suite rejeté en dehors de cet axe. Ce défaut existe bien plus dans les sabres à garde en cuivre que dans ceux dont la garde est en tôle d'acier. En France, les officiers d'infanterie se sont parfaitement rendu compte de l'inconvénient que présentait la garde en cuivre. Ils ont obtenu une arme à garde d'acier. Et nous, pour qui le sabre est l'arme principale, nous gardons un modèle ar-

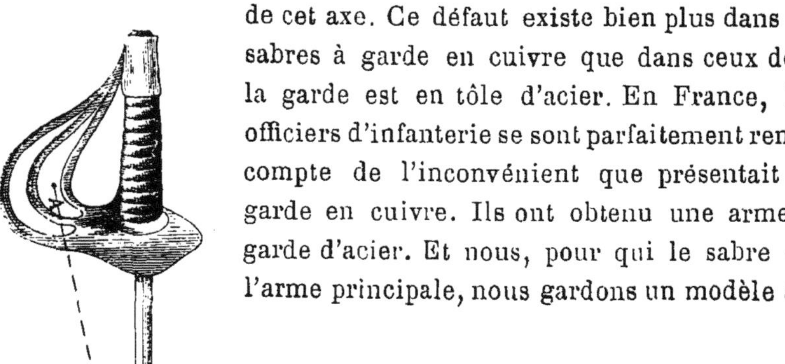

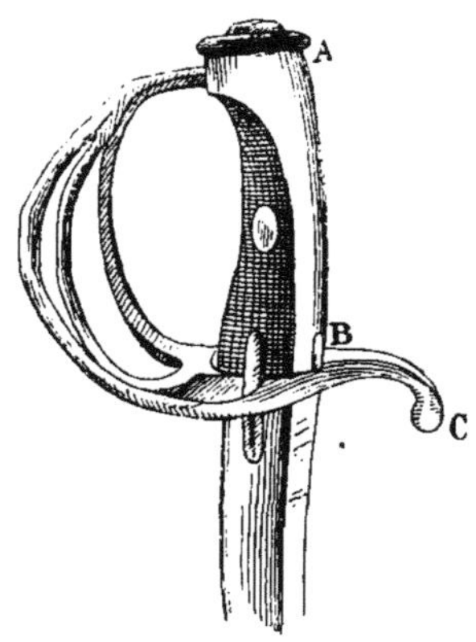

Fig. 4. — Sabre prussien pris à Iéna.

riéré ! Nous préférerions assurément la poignée du sabre prussien en service en 1806 (fig. 4). La calotte métallique A descend en B ; elle est très pesante et sert de contre-poids à la garde : le centre de gravité se trouve dans la poignée elle-même et, par suite, dans la main du cavalier.

Lorsqu'on se met dans la position *en garde* (fig. 5), on constate, au bout d'un instant, que la main se fatigue : l'arme, entraînée par le poids de la garde, tend à tourner dans le sens de la flèche. Pour maintenir la poignée dans la position indiquée dans notre figure et résister à ce mouvement de torsion, il faut contracter les doigts. Cet inconvénient, que nos lecteurs ont constaté bien des fois, ne pourrait-il pas être au moins atténué ?

Les peuples occidentaux ont cru nécessaire de protéger le dos de la main du sabre, mais l'avant-bras est tout aussi précieux que la main et n'est pas moins exposé. C'est sans doute par tradition que nous avons conservé les branches de la garde : les anciens chevaliers avaient l'avant-bras et le poignet protégés par une armure, on ne pouvait évidemment leur donner encore un gant cuirassé, sans supprimer la souplesse de la main.

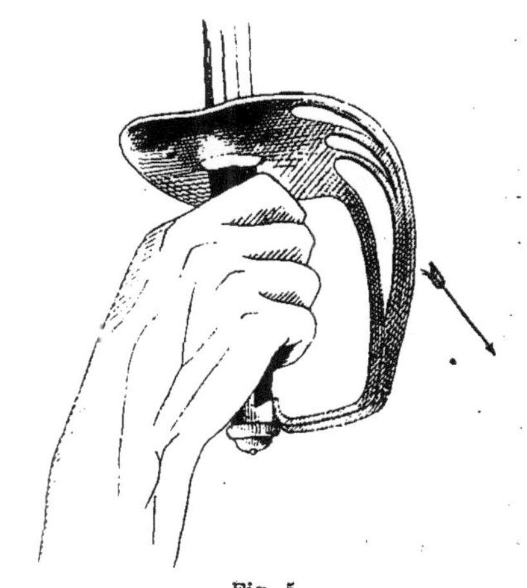

Fig. 5.

Telle est la raison d'être des branches de la garde. La coquille, à laquelle on peut donner une forme symétrique, suffit, à notre avis, pour protéger la main contre les coups de pointe. Si l'on tient à conserver les branches de la garde, qu'on la fasse en aluminium. Ce métal peut, grâce à certains alliages, acquérir une dureté égale à celle de l'acier, tout en conservant une légèreté incomparable.

En allégeant la garde, on pourrait reporter le poids économisé de la sorte dans la poignée et obtenir ainsi une arme en main. Les progrès réalisés en métallurgie ont permis de perfectionner les armes à feu, pourquoi ne nous mettraient-ils pas en mesure d'améliorer les armes blanches ?

L'enseignement du tir.

On apprend au cavalier à pointer en plaçant l'arme sur un chevalet. Les premières leçons sont à peu près celles que nous trouvons dans nos manuels de tir.

Le chevalet employé est d'une construction facile et économique. Trois perches de 1^m,80 de long, deux cordes et un sac rempli de sable permettent de construire un chevalet très pratique.

Voici les recommandations faites aux instructeurs pour placer les cavaliers dans la position *en joue* :

1° Le corps doit être en équilibre, dans une attitude bien naturelle, afin d'éviter toute dépense inutile de forces, la contraction ayant pour effet d'empêcher l'immobilité de l'arme, et, par suite, de gêner le tireur qui cherche à amener la ligne de mire sur le but ;

2° L'épaule droite ne doit être ni soulevée ni déplacée ;

3° La tête doit être plus ou moins inclinée sur la crosse, suivant la hausse employée. Aux petites distances, la joue droite du tireur doit effleurer la crosse ;

4° La crosse doit être appuyée sans efforts à l'épaule ;

5° La main droite doit serrer fortement la poignée de l'arme, afin que l'index soit indépendant du bras et qu'il puisse agir sur la détente à la volonté du tireur ;

6° Pour viser un point donné, il faut amener d'abord la ligne de mire à environ un mètre au-dessous du but, afin de ne pas s'exposer à le masquer avec le canon de l'arme. On relève ensuite lentement la ligne de mire pour la faire passer par le but.

L'instructeur vérifie le pointage en se faisant viser dans l'œil droit. Pour cet exercice, l'arme est au cran de sûreté.

Les positions au tireur sont : *à genou, assis, couché, appuyé.*

L'instructeur fait prendre aux cavaliers la position du tireur assis en prenant successivement tous les cas qui peuvent se présenter, — sur le sol plat, sur le bord d'un fossé, sur un tronc d'arbre, sur une marche d'escalier, etc.

La position du tireur *appuyé* se prend en utilisant tous les points d'appui qu'on peut trouver dans la campagne, le coin d'un mur, les troncs d'arbres, les fenêtres. Il est également recommandé d'appuyer le revolver toutes les fois que l'occasion s'en présente.

Voici quelles sont, avec la carabine modèle 1870, les règles de pointage :

1° A 100 mètres et au-dessus, on fait usage de la ligne de mire de 200 mètres, en visant à $0^m,50$ au-dessus du centre du but.

2° A 200, 300, 400, 500 et 1,000 mètres, on prend des hausses correspondantes et on vise le centre du but. Ces mêmes hausses peuvent servir pour des distances inférieures ou supérieures de

50 mètres à celle indiquée sur la planchette, à condition que le tireur corrige son tir en visant au-dessous ou au-dessus du but, suivant le cas ;

3° On peut tirer jusqu'à 1,000 mètres sur des rassemblements de
troupe. On ne doit pas tirer au delà de 400 mètres sur les hommes
ou les cavaliers isolés ;

4° Jusqu'à 300 mètres, le cavalier doit tirer lentement, à raison
de un ou deux coups par minute. Entre 300 et 150 mètres, il peut
accélérer son tir jusqu'à la vitesse de 6 coups par minute. Au-dessous de 150 mètres, le feu rapide peut atteindre la vitesse de
10 coups par minute ;

5° Avec la cartouche à mitraille, on vise le centre du but avec la
hausse de 200 mètres. La portée efficace de ce tir n'excède pas
75 mètres ;

6° Sur un but mobile, on vise, en tenant compte de la rapidité
du mouvement, non point le but lui-même, mais le point présumé
où il se trouvera lors de l'arrivée de la balle.

On attache, dans l'enseignement du tir, une très grande importance à l'évaluation des distances. On profite de toutes les occasions, marches, manœuvres, service en campagne, etc., pour montrer aux hommes combien l'aspect des objets se modifie suivant
leur éloignement. Les leçons sur l'appréciation des distances sont
données de la façon que nous allons indiquer.

Au début, les hommes sont répartis par escouades placées sur
une seule ligne à un très faible intervalle. On mesure avec un décamètre, sur une perpendiculaire au front de la troupe, les distances
de 200, 300, 400 et 500 mètres. Quelques hommes servant d'indicateurs sont disposés à ces quatre distances. Les instructeurs attirent alors l'attention sur les différences d'aspect que présentent
l'armement, la silhouette de l'homme, tout en évitant d'imposer
leurs propres appréciations aux cavaliers qui, ayant des vues différentes, n'envisagent pas le même objet sous un même aspect. Une
fois les premières observations terminées, l'officier directeur rappelle les indicateurs et donne à leur chef, sur une feuille de papier, des nombres, précédés les uns du signe +, les autres du
signe —. Les nombres précédés du signe + indiquent les distances que devront parcourir, à un signal convenu, les indicateurs

en s'éloignant des hommes en observation. Les chiffres précédés du signe — indiquent la distance qui sera parcourue par les indicateurs, au signal donné, en se rapprochant de la troupe. L'instructeur choisit une autre direction que celle qui a servi à l'exercice précédent. Une fois les indicateurs en position, il interroge séparément chaque homme sur la distance présumée des indicateurs et note sa réponse.

Au delà de 600 mètres et jusqu'à 1,000 mètres, ce genre d'instruction est fait par demi-régiment, sous la direction d'un capitaine. Les indicateurs, au nombre de 16, sont commandés par un officier. Le directeur de l'exercice fait au préalable mesurer les distances de 600, 800 et 1,000 mètres. Des piquets peu apparents jalonnent ces distances.

Les observateurs étant disposés sur une même ligne, les indicateurs s'éloignent munis d'un cordeau de 20 mètres de long. L'officier qui les commande laisse un homme à 600 mètres, deux à 800 et à 1,000 mètres. Il s'arrête alors et prévient, par un signal convenu, le directeur de l'exercice qu'il a parcouru 1,000 mètres. Celui-ci laisse aux instructeurs le temps de faire remarquer aux hommes quel est l'aspect de l'escouade d'indicateurs. On fait signe à celle-ci de s'avancer, — elle se rapproche de 200 mètres, — nouvelle observation, puis elle arrive à 600. L'instructeur rappelle alors les indicateurs et les envoie dans une direction nouvelle à des distances connues de lui seul, au moyen du procédé que nous avons indiqué plus haut. Les réponses des hommes une fois notées, on indique les distances réelles.

A la fin du cours d'évaluation des distances, les quatre caporaux ou soldats qui ont été classés premiers reçoivent un certificat constatant leur aptitude. Un examen, auquel concourent les meilleurs appréciateurs, termine l'instruction. Les deux premiers reçoivent un prix de 5 fr. ; les 3ᵉ, 4ᵉ, 5ᵉ, 6ᵉ et 7ᵉ, un prix de 2 fr.

L'enseignement de l'évaluation des distances est donné en trois leçons. Mais, comme chaque cavalier doit avoir assisté trois fois à chacune de ces leçons, celles-ci sont répétées autant de fois qu'il le faut pour que la troupe soit complètement instruite.

Tir à la cible.

Les régiments de cavalerie, étant presque tous stationnés dans la vallée du Pô et se trouvant fractionnés entre plusieurs garnisons, ne disposent pas des immenses terrains vagues, des beaux champs de tir qu'on trouve dans la partie péninsulaire de l'Italie.

On profite, pour leur faire exécuter leurs tirs, des déplacements annuels occasionnés par les réunions dans les camps d'instruction.

Il y a deux sortes de tir, le tir individuel et le tir de combat.

Le tir individuel se subdivise en tir préparatoire, tir ordinaire et tir spécial.

Le tir préparatoire, qui comporte deux leçons, n'est exécuté que par les recrues. Le tir ordinaire et le tir spécial comprennent, le premier sept séances et le deuxième deux séances. Les *officiers subalternes*, les sous-officiers, caporaux et cavaliers y prennent part. Les hommes de troupe ne peuvent être dispensés du tir; des séances de rappel les mettent en mesure d'exécuter les tirs arriérés.

Le tir de combat est exécuté par tous les caporaux et cavaliers, sous la direction des officiers et sous-officiers. Certains employés en sont seuls exempts.

Les tirs individuels commencent chaque année au printemps, quand les exercices préparatoires de l'école de pointage ont été faits; ils doivent être terminés le 1er juillet. A cette date commencent les tirs de combat. Le 1er décembre, l'école annuelle de tir est close pour chaque corps, même si tous les tirs n'ont pu être exécutés par suite de circonstances locales. Les cartouches économisées servent à organiser des séances supplémentaires pour les retardataires et à parachever l'instruction des meilleurs tireurs.

Dans le tir préparatoire, on laisse au cavalier tout le temps nécessaire pour tirer; mais dans le tir ordinaire, le temps fixé pour brûler 5 cartouches est limité à 40 secondes, si le cavalier est dans la position du tireur debout et à genou; à 50 secondes, s'il est dans la position du tireur assis ou couché. L'instructeur se tient à côté du cavalier et fait les commandements de : *Commencez le feu!* —

Cessez le feu ! en observant rigoureusement la durée que nous venons d'indiquer.

On n'indique donc pas, comme en France, quel est le résultat de chaque coup. Le tireur ne peut par suite rectifier son tir. C'est lorsqu'il a brûlé ses 5 cartouches que les signaleurs indiquent sur la cible les points touchés. Les tableaux ci-dessous donnent les conditions dans lesquelles sont exécutés les différents tirs :

Tir à la carabine.

GENRE de tir.	SÉANCES.	DISTANCES en mètres.	CIBLE.	CONDITIONS DANS LESQUELLES S'EXÉCUTE LE TIR.
Tir préparatoire.	1re . . .	100 mètr.	Cible d'école.	Position du tireur debout *avec l'arme appuyée.*
	2e. . . .	100 —	Id.	Position du tireur debout.
Tir ordinaire.	1re. . . .	200 —	Id.	Position du tireur debout avec appui.
	2e. . . .	200 —	Id.	Position du tireur à genou.
	3e. . . .	200 —	Id.	Position du tireur debout. Feu rapide avec la baïonnette au canon.
	4e. . . .	300 —	Id.	Position du tireur debout.
	5e. . . .	300 —	Id.	Position du tireur à genou.
	6e. . . .	400 —	Id.	Position du tireur debout.
	7e. . . .	400 —	Id.	Position du tireur couché.
Tir spécial.	1re. . . .	200 —	Silhouette de tirailleur couché.	Position du tireur à genou. *But à éclipse.*
	2e. . . .	200 —	Cible d'école.	Position du tireur debout. — *But mobile.*

Tir au revolver.

GENRE de tir.	SÉANCES.	DISTANCES en mètres.	CIBLE.	CONDITIONS DANS LESQUELLES S'EXÉCUTE LE TIR.
Tir préparatoire.	Une séance.	15 mètr.	Cible d'école.	Canon appuyé. Tir intermittent.
Tir ordinaire.	1re. . . .	15 —	Id.	Tir sans appui, mouvement intermittent.
	2e. . . .	15 —	Id.	Tir sans appui continu.
	3e. . . .	25 —	Id.	Tir sans appui intermittent.
	4e. . . .	25 —	Id.	Tir avec appui intermittent.
Tir spécial.	Une séance.	15 —	Silhouette de tirailleur.	Tir sans appui continu.

Tir de combat (pour la carabine seulement).

SÉANCE.	DISTANCE en mètres.	FORMATION de la troupe.	GENRE de tir.	CIBLE.
1re . . .	De 400 à 600	Sur deux rangs le premier à genou, le 2e debout.	Feu de salve.	Infanterie debout. Largeur du but 20 mètres.
2e. . . .	De 600 à 800	Chaîne de tirailleurs couchés.	Feu rapide à volonté.	Trois pièces d'artillerie en batterie avec un intervalle de 15 mètres. Les avant-trains à 20 mètres de distance.
3e. . . .	De 600 à 1,000	Sur deux rangs le 1er à genou, lo 2e debout.	Feu de salve.	Infanterie debout en colonnes de 2 sections. Front des sections 10 mètres. Distance entre les sections 15 mètres.

Les tirs de combat s'exécutent sur un terrain quelconque. L'autorité militaire s'assure qu'aucune localité ne se trouve 500 mètres à droite et 500 mètres à gauche de la ligne de tir choisie. Les habitants sont avisés des dispositions prises. Les abords du terrain sont surveillés par des vedettes. Les tirs de combat sont généralement exécutés tous les trois le même jour. Des mesures très sévères sont prises pour que les escadrons ignorent la distance des cibles; celle-ci doit être appréciée par le commandant de la troupe.

Après chaque séance de tir ordinaire ou spécial, tant à la carabine qu'au revolver, le capitaine accorde un prix de 0 fr. 40 c. aux caporaux et cavaliers qui ont obtenu le plus de points. Le nombre d'hommes qui reçoivent des prix est égal au dixième du total des tireurs. Après les tirs de combat, l'escadron qui a obtenu les meilleurs résultats reçoit une somme d'argent qui est répartie entre les hommes de troupe qui y ont pris part, à raison de 0 fr. 20 c. par cavalier, 0 fr. 50 c. par caporal et 1 fr. 25 c. par sous-officier.

Des prix annuels de 10 fr. pour les sous-officiers et 5 fr. pour les autres hommes de troupe sont accordés en outre au vingtième de l'effectif qui a pris part aux tirs.

La troupe est exercée également au tir à cheval avec la carabine avec des cartouches à blanc. On enseigne d'ailleurs aux cavaliers que le tir à cheval ne devra s'employer que dans des cas tout à fait exceptionnels.

Matériel de tir.

La *cible d'école* est un rectangle haut de 1ᵐ,80, large de 1ᵐ,20. Au centre sont tracées deux circonférences, l'une avec un diamètre de 0ᵐ,40, l'autre avec 0ᵐ,80 de diamètre. Un troisième cercle, peint en noir, de 0ᵐ,10 de diamètre marque le centre de la cible.

Tirailleur couché. (Voir la silhouette ci-contre [fig. 6].)

Tirailleur debout.   —

Pièces et avant-trains.   —

Des systèmes très ingénieux permettent de faire tirer les hommes sur des buts à éclipse ou sur des buts mobiles.

En résumé, quand la cavalerie italienne sera tout entière dotée de la carabine à petit calibre, son armement présentera beaucoup d'analogie avec celui des autres puissances. En ce moment, on doit prévoir des approvisionnements pour les deux modèles d'armes simultanément en service ; c'est une grave complication. On a tenu compte, pour la fabrication de la nouvelle carabine, des remarques faites lors des premiers tirs exécutés avec le fusil d'infanterie. D'importantes modifications ont été apportées au mécanisme. Les Italiens auront donc sous peu une carabine excellente.

Était-il logique, dans un pays où la cavalerie entre pour une si faible proportion dans la composition des armées, de la doter de la lance qui est, par excellence, l'arme du combat de cavalerie ? On peut prévoir que les régiments italiens seront absorbés presque en totalité par le rôle de cavalerie divisionnaire et de cavalerie de corps. D'ailleurs, le morcellement de la propriété dans les plaines qui seront le théâtre des luttes prochaines, la nature montagneuse des contrées où la guerre pourra traîner en longueur, limiteront le champ d'action de la cavalerie et ne permettront pas son emploi en grandes masses. Dans ces conditions, les escadrons italiens appelés à agir isolément, à combattre fréquemment à pied n'ont que faire de la lance. Ces motifs allaient sans doute la faire supprimer, quand les Allemands d'abord, les Français ensuite l'ont reprise en vue du duel de cavalerie. Les Italiens l'ont donc conservée par esprit d'imitation. En ce moment, le lancier italien dispose de

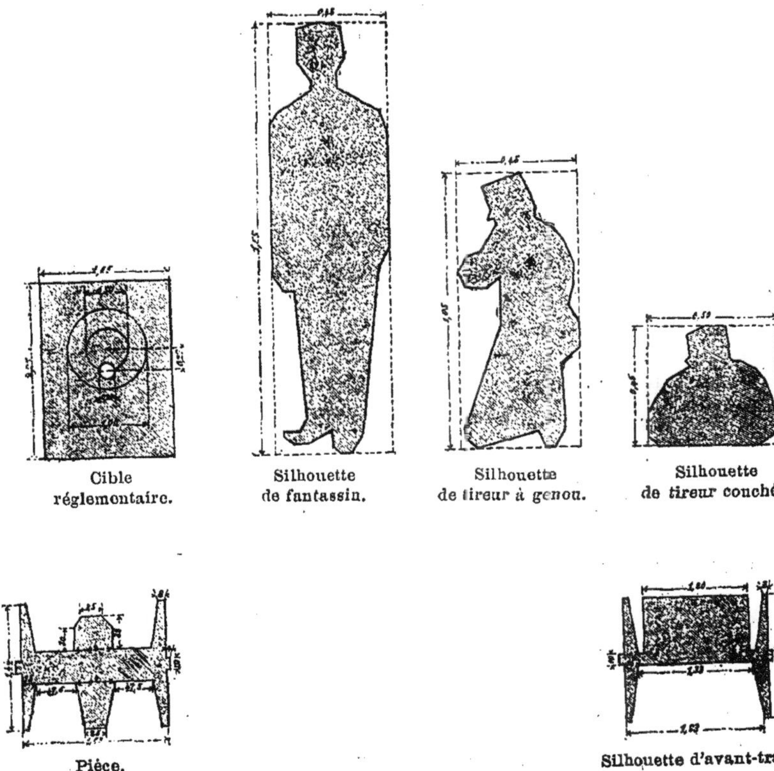

Cible
réglementaire.

Silhouette
de fantassin.

Silhouette
de tireur à genou.

Silhouette
de tireur couché.

Piéce.

Silhouette d'avant-train

Tirs de combat. — *Disposition des objectifs.*

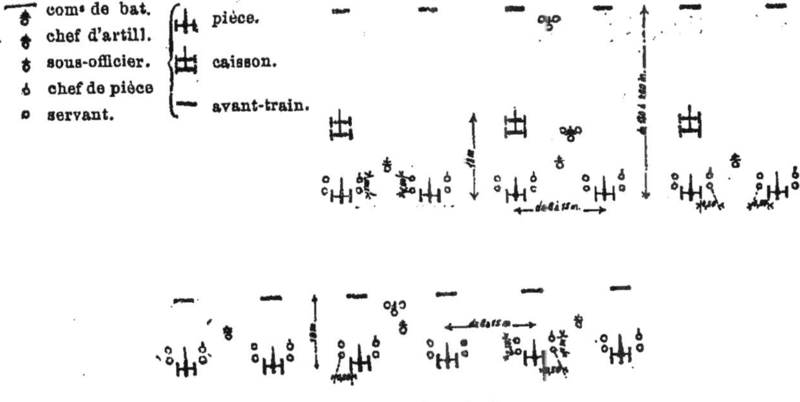

Fig. 6. — Matériel de tir.

quatre armes : la lance, le sabre, la carabine et la baïonnette. Il ne lui manque plus que la cuirasse.

On attache la plus grande importance au tir dans la cavalerie italienne : l'évaluation des distances, en particulier, fait l'objet d'un enseignement donné avec beaucoup de soin. Des prix de tir très nombreux excitent l'émulation parmi les hommes de troupe. On cherche enfin, au tir à la cible, à placer l'homme dans les mêmes conditions qu'en campagne : on le met en présence de cibles à éclipse ou de buts mobiles ; on lui apprend à viser rapidement et à brûler ses cartouches dans un temps déterminé. Dans chaque régiment on consacre les munitions économisées à perfectionner les meilleurs tireurs. Pour les intéresser davantage, on n'emploie dans les tirs supplémentaires, auxquels ils prennent part, que des buts mobiles. Grâce à ce procédé, les régiments de cavalerie disposent tous d'une élite d'excellents tireurs.

Nous allons reproduire en terminant quelques réflexions que nous avons relevées dans une revue italienne au moment où l'adoption de la carabine modèle 1891 venait d'être décidée : « Nous aurons bientôt une arme merveilleuse, tirant aux grandes distances avec une précision inconnue jusqu'ici. La cavalerie doit, pour en tirer le maximum d'effet utile, se perfectionner le plus possible dans la pratique du tir. Avec la carabine nouveau modèle, nous pourrons inquiéter l'adversaire ou même l'arrêter sans nous engager à fond. *Nous tirerons de loin.* Ce genre de tir, qui était jusqu'ici condamné comme un gaspillage de munitions, devient possible. »

Telles sont les idées qui ont inspiré, dit-on, les auteurs du manuel de tir qui paraîtra quand l'armement modèle 1870 aura vécu.

CHAPITRE VIII.

INSTRUCTION INDIVIDUELLE.

Travail préparatoire à pied. — Travail en armes : maniement et emploi du sabre, de la lance, de la carabine, du revolver. — Travail à cheval. — Instruction des anciens. — Instruction des gradés. — Travail à la longe.

Nous nous proposons dans les chapitres qui vont suivre d'exposer, en les résumant, les procédés d'instruction pratiqués dans la cavalerie italienne. Toutes les armées européennes sont aujourd'hui dressées d'après les mêmes méthodes, obéissent aux mêmes principes tactiques ; il faut, par suite, s'attendre à trouver leurs règlements calqués en quelque sorte les uns sur les autres. Il est logique que, poursuivant partout le même but, obéissant aux mêmes nécessités, on ait eu recours aux mêmes moyens. Nous trouverons cependant dans l'étude qui va suivre quelques solutions différentes des nôtres.

L'examen du règlement italien présentera pour nous d'autant plus d'intérêt qu'il est de date plus récente (1891) et que, par suite, ses auteurs ont bénéficié des expériences faites dans leur propre armée et à l'étranger. Nous prendrons fréquemment comme terme de comparaison le règlement allemand du 6 avril 1893 — le dernier en date de tous ceux qui sont en service dans les cavaleries européennes.

Nous nous abstiendrons enfin de reproduire les prescriptions du règlement italien qui ne différeraient en rien de celles que nous rencontrons dans nos propres règlements.

Travail préparatoire à pied.

Le débourrage des recrues se fait, en Italie, d'après les mêmes principes que dans les autres armées. On fait alterner au début les exercices gymnastiques de toute nature avec le travail sans armes. Les instructeurs s'attachent tout particulièrement à donner aux recrues une attitude et une démarche militaires : une notable partie de chaque séance est consacrée à modifier l'allure des jeunes cavaliers. Ceux-ci ne sont admis à sortir du quartier que lorsqu'ils sont en mesure de se présenter avec correction. Il faut convenir que les résultats obtenus à cet égard sont excellents : nous avons, à quelques jours de distance, fait entre des hommes de recrue bavarois et des jeunes soldats italiens une comparaison intéressante, qui était tout à l'avantage de ces derniers. Grands, dégingandés, un peu embarrassés de leurs mains et de leurs pieds, les Bavarois ressemblaient à des enfants avec leurs figures imberbes. Ils marchaient lourdement et ne reprenaient une attitude militaire qu'à la vue de leurs chefs. L'homme de recrue italien, mieux proportionné, pourvu déjà d'abondantes moustaches, avait au contraire, même quand il ne se sentait pas observé, une démarche fière et une tournure martiale, qui donnaient sur son éducation militaire une impression des plus favorables.

Cette différence s'explique aisément : à vingt ans, l'Allemand, dont la croissance est tardive, n'est pas formé, c'est presque un enfant, — à vingt ans, l'Italien, grandi sous le soleil du Midi, est un homme fait. Avec ce dernier, la tâche de l'instructeur devrait être plus facile. Mais l'Italien gagne à être vu isolément, car en troupe il est loin de se présenter avec la correction de l'Allemand. L'immobilité sous les armes semble lui peser : c'est contre son gré qu'il renonce pendant quelques instants à son individualité pour faire partie de cet être collectif qu'on nomme une troupe.

Les mouvements du travail sans armes et les exercices gymnastiques sont les mêmes qu'en France. Le salut italien diffère du nôtre. Voici quelle en est la forme :

Au commandement : *Saluto — uno,* porter la main droite à la visière devant l'œil droit, en pliant le bras et levant le coude à hauteur des épaules, la paume de la main tournée vers la terre, les doigts allongés et joints, l'index et l'extrémité du pouce touchant le bord de la visière.

Au commandement : *Due*, abaisser vivement la main et reprendre la position d'*attenti* (garde à vous !).

Le cheval de bois n'a pas en Italie la même destination qu'en France. Il sert uniquement à faire de la voltige de pied ferme, celle que nous faisons exécuter sur un cheval tranquille.

On emploie enfin un agrès de gymnastique que nous ne connaissons pas : deux poignées réunies par une corde servent à faire des mouvements d'assouplissement des bras et du buste.

Voici ce que dit le règlement au sujet de la course : « La course de résistance consiste à faire parcourir aux recrues, en courant, des distances graduées progressivement jusqu'à 600 mètres. Pour marcher librement et sans fatigue, les cavaliers doivent tenir la tête haute, la bouche fermée, les genoux fléchis, les talons soulevés, le buste penché en avant. Au début, pour obliger l'homme de recrue à ouvrir la poitrine, on lui fait porter les mains aux flancs et les coudes en arrière. Plus tard, on lui prescrit seulement de tenir les bras demi-fléchis, les poings en arrière des épaules, les bras libres suivant le mouvement du corps. »

Nous aurions peu d'observations à faire sur cette théorie de la course, si nous n'y trouvions une recommandation de trop : tenir la bouche fermée. — Pourquoi? Le règlement italien ne le dit pas, mais le nôtre, plus explicite, recommande au cavalier de « ne respirer autant que possible que par le nez, en conservant la bouche fermée, l'expérience ayant prouvé qu'en se conformant à ce principe, un homme peut fournir une course plus longue et avec moins de fatigue ». Cette recommandation se trouve d'ailleurs reproduite dans la plupart des règlements européens.

Il eût été logique, avant d'écrire une théorie du pas gymnastique, de puiser des enseignements en Asie ou en Afrique chez les peuples primitifs, qui, ne disposant pas des modes de transport perfectionnés que nous possédons, ont tout bonnement cherché à tirer de la machine humaine tout le rendement qu'elle était susceptible de donner pour la locomotion. Les auteurs des règlements auraient encore pu consulter utilement les coureurs de profession. Voici ce que l'un quelconque d'entre eux leur eût appris :

L'homme est apte à parcourir en courant des distances très considérables : le seul obstacle qui puisse arrêter le coureur inexpérimenté est l'essoufflement.

Si l'homme peut produire instantanément un effort musculaire violent, il ne peut faire passer tout à coup, sans transition, les poumons de leur jeu normal et régulier au repos à leur maximum d'activité. Quand un coureur, partant de la marche, s'élance subitement pour prendre une allure rapide, l'effort musculaire produit nécessite l'absorption d'une plus grande quantité d'oxygène. Le sang afflue tout à coup aux poumons ; ceux-ci, ne pouvant passer instantanément du jeu lent et régulier à une grande activité, fonctionnent d'une façon insuffisante et l'essoufflement se produit.

Pour éviter l'essoufflement, il faut :

1° Supprimer en partie le travail musculaire chez le coureur, en l'obligeant à porter le poids du corps en avant, à courir après son centre de gravité, en un mot à se laisser tomber en avant, au lieu de chasser en avant par un violent coup de jarret la masse du corps ;

2° Le faire partir lentement pour amener progressivement les poumons à augmenter leur activité ;

3° Lui faire aspirer l'air à longs traits par la bouche et par le nez de manière à forcer les poumons à absorber le maximum d'air que peut contenir la capacité thoracique.

Cette théorie de la course diffère quelque peu de celle que nous trouvons dans le règlement italien ; elle a cependant pour elle la sanction de l'expérience : elle était pratiquée par les coureurs qui, au moyen âge, précédaient la voiture du roi ou celle des personnages de marque. Elle est pratiquée aujourd'hui par les coureurs indous, cinghalais, annamites ; enfin le 30ᵉ bataillon de chasseurs en a fréquemment fait usage dans ses marches en fournissant des étapes de 40 kilomètres à la vitesse de 10 kilomètres à l'heure. Nous voilà loin des 600 mètres, « maximum de la distance que peut parcourir un homme en courant après un entraînement progressif », d'après le règlement italien. Nous ne prétendons pas qu'on doive donner aux cavaliers l'agilité des coureurs de profession. Mais nous estimons que de tous les exercices gymnastiques, la course est celui qui permet de débourrer le plus rapidement les recrues : elle met en jeu tous les muscles, développe l'activité des poumons et donne aux recrues la souplesse qui leur sera si nécessaire pour monter à cheval [1].

Instruction individuelle. — Travail en armes.

Maniement et emploi du sabre. — Le maniement du sabre se fait absolument comme chez nous.

L'emploi du sabre à pied a pour objet de préparer le cavalier à manier son arme à cheval, à donner des coups d'estoc et de taille et à parer avec rapidité et précision.

Les conditions nécessaires pour bien manier le sabre sont de l'avoir en main et d'employer à propos toute la force du bras.

Un coup doit être donné avec force pour mettre sûrement l'adversaire hors de combat, il doit l'atteindre à la plus grande distance possible. Enfin il doit être porté dans la direction choisie par le cavalier.

Dans le sabre il y a deux points importants : le centre de gravité de l'arme et le centre de percussion. Celui-ci se trouve dans la partie de la lame située vers la pointe. C'est avec ce point qu'il faut atteindre l'adversaire pour obtenir le maximum d'effet utile.

On ne doit pas, dans les exercices ayant pour objet l'emploi du sabre, rechercher des effets d'ensemble, mais obtenir que chaque cavalier exécute pour son compte les coups prescrits. Au début, les coups de sabre sont décomposés en temps afin que le cavalier apprenne à mettre le plus de force possible dans ses coups de pointe et fasse décrire à son arme dans les coups de sabre un cercle complet.

Cette méthode présente parfois des inconvénients : ce n'est pas sans raison que notre règlement prescrit à l'instructeur d'éviter de toucher l'homme de recrue même pour rectifier une faute. Le

---

1. La théorie de la course, dont nous donnons un trop court aperçu, a été propagée dans plusieurs régiments d'infanterie par le capitaine d'artillerie de Raoul. Nous espérons que ces principes, dont l'application a donné des résultats merveilleux, remplaceront un jour dans notre règlement le paragraphe concernant le pas gymnastique.

sabre en bois dans les mains d'un instructeur brutal lui permet de frapper le cavalier sous le prétexte de lui apprendre à se défendre. Nous avons un jour interrogé un déserteur italien qui se plaignait amèrement des sévices exercés contre lui par son sous-officier sous forme de leçon d'escrime.

L'instructeur se sert d'un sabre en bois.

Les recrues, formées en reprises de 5 à 8 cavaliers, sont espacées de 5 pas.

Au commandement : *Com'a cavallo* (comme à cheval), les cavaliers portent latéralement le pied droit à un pas du gauche, détachent le sabre du crochet, placent la main gauche devant le corps dans la position de la main de bride, la main droite restant sur la cuisse comme dans l'instruction à cheval.

Les cavaliers mettent le sabre à la main.

La position en garde se prend en avant, à droite ou à gauche.

Position : en garde en avant. — Le bras plié, le coude au corps, la main droite au-dessus et à deux doigts de la gauche, la pointe à une largeur de main plus haut que la tête, la lame inclinée diagonalement à gauche, le tranchant tourné vers la terre (fig. 1).

La position : *en garde à droite* ou *en garde à gauche* se prend en tournant la pointe vers l'objectif supposé, le corps suivant le mouvement.

Fig. 1.

Coups de pointe. — Les coups de pointe se donnent horizontalement ou de haut en bas, suivant que l'adversaire est supposé à cheval ou à pied.

Au commandement : *Puntate !*

Un. — Lever le bras, le coude fléchi, porter le poing à hauteur de l'épaule, la pointe deux doigts plus basse que la main, le tranchant à droite, de telle façon que le bras et l'avant-bras forment un angle aigu et que le coude, la main et la lame soient sur une même ligne droite, la main restant à 20 centimètres de l'épaule (fig. 2).

Deux. — Allonger avec force le bras en avant, donner un coup de pointe obliquement à droite (ou à gauche), le buste accompagnant le mouvement du bras (fig. 3).

Fig. 2.   Fig. 3.

Trois. — Revenir à la position : *en garde.*

Pour les coups de pointe de bas en haut, le cavalier se baisse le plus possible.

Coups de sabre. — Il y a deux sortes de coups de sabre : les *coups de tête* et les *coups de figure.*

Les cavaliers étant « en avant en garde », l'instructeur commande :

Coup de tête de droite.

Un. — Soulever le sabre, porter la main droite à hauteur et à 20 centimètres de la tempe droite, la lame placée diagonalement au-dessus de la tête, le tranchant en haut (fig. 4).

Deux. — Allonger le bras, donner avec force un coup de sabre, celui-ci partant en diagonale de l'épaule droite du cavalier, suivre avec le corps le mouvement du bras, laisser le sabre accomplir par suite de son impulsion un mouvement de rotation complet, revenir à la position du sabre au-dessus de la tête.

Fig. 4.

Trois. — Reprendre la position : *en garde.*

Coup de tête à droite.

Un. — La main du sabre à hauteur et à 20 centimètres de la tempe droite, la lame placée diagonalement en travers, le tranchant incliné légèrement à droite.

Deux. — Allonger le bras, sabrer horizontalement de droite à gauche à hauteur de figure, laisser décrire au sabre un mouvement de rotation complet. Revenir à la position du sabre au-dessus de la tête.

Trois. — Reprendre la position : *en garde.*

Le coup de figure de gauche s'exécute en lançant un coup de sabre horizontalement de gauche à droite.

Les deux coups de tête s'exécutent successivement au commandement : *Coup de tête — de droite et de gauche.*

Au commandement : *Sciabolate* (sabrez), les cavaliers exécutent les quatre genres de coups de sabre.

Parades. — Il y a sept parades à cheval : en avant, à droite, à gauche, en haut à droite, en haut à gauche, en demi-cercle à droite, en demi-cercle à gauche.

Elles s'exécutent en un temps à l'exception des parades en demi-cercle qui s'exécutent d'abord en trois, puis en deux temps, enfin quand les cavaliers sont suffisamment exercés, en un temps.

L'instructeur exécute devant chaque cavalier le coup qui doit être paré.

La parade en avant couvre le côté gauche du cavalier ainsi que l'encolure et la tête du cheval.

Au commandement: *En avant — parez!* porter la main du sabre au-dessus de la tête, le bras demi-tendu, la pointe vers la terre, le tranchant en haut (fig. 5).

La parade *à droite* couvre le flanc et la figure du côté droit
(fig. 6).

Fig. 5.   Fig. 6.

La parade *à gauche* a le même effet pour le côté gauche (fig. 7).
Dans ces deux parades, la pointe est un peu au-dessus de la tête.

Fig. 7.   Fig. 8.

Au commandement : *En haut à droite — parez !* fléchir le bras, porter la main à 20 centimètres de la tempe droite, un peu au-dessus de la tête, la pointe plus élevée que la poignée et en avant d'elle, le tranchant en haut (fig. 8).

Au commandement : *En haut à gauche, — parez !* fléchir le bras, porter la main droite à 20 centimètres de l'œil gauche un peu au-dessus de lui, la pointe en avant et au-dessus de la poignée (fig. 9).

Les parades en demi-cercle parent les coups de baïonnette.

Au commandement : *En demi-cercle à droite — parez !*

Un. — Allonger le bras en haut, la pointe en l'air, le tranchant en arrière.

Deux. — Faire décrire au bras une rotation d'arrière en avant, parer avec le dos de l'arme, laisser le sabre décrire un cercle et revenir à la position du coup de tête de gauche.

Trois. — Revenir à la position : *en garde.*

Au commandement : *En demi-cercle à gauche — parez !*

Un. — Tourner le buste à gauche, allonger le bras droit, la pointe en l'air, le tranchant en arrière.

Deux. — Parer avec le dos de la lame en faisant décrire au bras un cercle complet, revenir à la position du coup de tête de droite.

Trois. — Revenir à la position : *en garde.*

Le cavalier devant chercher à attaquer plutôt qu'à se défendre, l'instructeur

Fig. 9.

n'insiste pas trop sur les parades.

Position de la charge. — Pour le premier rang : second temps du mouvement : *en avant — pointez;* pour le second rang : premier temps du : *coup de tête de droite.*

Si on combine les sept parades et les nombreux coups de pointe et de sabre, on obtient une profusion de coups permettant à l'instructeur de varier ses commandements.

On termine cette instruction par des exercices contre un mannequin.

En somme, la méthode d'instruction pratiquée pour enseigner aux hommes l'emploi du sabre nous paraît excellente. L'instructeur, muni d'un sabre en bois, donne à chaque cavalier une véritable leçon de salle d'armes ; une fois les cavaliers familiarisés avec les différents coups, on les met en présence du mannequin. Mais si nous trouvons la méthode bonne, il nous semble qu'il y a bien des critiques à formuler sur l'escrime enseignée.

Prenons la position : *en garde* (fig. 1). Le cavalier ayant la poignée du sabre vis-à-vis le milieu du corps n'est pas *couvert*, il devra exécuter un mouvement pour parer le coup qui pourra lui être porté. Au lieu de placer la main du sabre vis-à-vis le milieu du corps, il serait plus logique, à notre avis, de la déplacer latéralement de manière à couvrir tout au moins le côté droit — le plus exposé.

La pointe du sabre est à 20 centimètres au-dessus de la tête du cavalier. Celui-ci ne pourra donc pas porter un coup droit à son adversaire par le simple allongement du bras.

En résumé, la position de la garde n'est pas favorable pour la défense, puisque le cavalier en garde n'est couvert ni en quarte ni en sixte ; elle n'est pas non plus pratique pour l'attaque, puisque la pointe ne menace pas l'adversaire.

Si nous examinons le premier temps du coup de pointe (fig. 2), nous constatons que le cavalier menace la poitrine de son adversaire en découvrant complètement la sienne. Or, il arrivera fréquemment dans la pratique que le cavalier s'en tiendra, au moment du choc, à l'exécution de ce premier temps, sans songer peut-être à allonger le bras pour pointer. Les deux rangs adverses lancés au galop se pénétreront avec la rapidité de l'éclair, bien des cavaliers n'auront même pas le temps de frapper. Il faut donc que, dans la position de la charge (premier rang), le sabre soit placé de telle façon que le cavalier soit couvert et que machinalement, inconsciemment, il puisse atteindre la poitrine de son adversaire par suite de la direction même donnée à la lame.

Au deuxième temps du coup de pointe, il est prescrit d'allonger le bras *avec force* (*con veemenza*). Ce principe trouve évidemment son application dans la mêlée, quand les cavaliers adverses se croisent au pas ou au petit trot. Dans la charge, il suffit de diriger la pointe sur l'objectif et, en raison des vitesses de sens contraire qui animent les deux adversaires, celui qui sera touché devra se trouver traversé de part en part. Les mannequins en forme de tête mobile que nous employons fréquemment sont recouverts par une bande épaisse de cuir. Ils offrent au coup de pointe une résistance assurément supérieure à celle du corps humain ; or, pour les embrocher, il suffit, quand on est aux allures vives, de donner à sa pointe une bonne direction. Le coup porté par le cavalier au moment du choc n'ajouterait rien à l'effet meurtrier et pourrait même faire dévier l'arme du but.

La parade en avant (fig. 5) est assurément très bonne. Elle remplit toutes les conditions requises : couvrir le cavalier qui, en raison de la position qu'il prend, se trouve naturellement placé pour la riposte. Théoriquement, cette parade est parfaite. Dans la pratique, elle présente un grave inconvénient : le cavalier hésitera, pour se couvrir d'un coup de pointe qui le menace, à élever la main droite au-dessus de sa tête. *Instinctivement* il voudra couvrir sa poitrine avec la main et l'avant-bras droits.

Les parades des figures 6 et 7 seraient bonnes si, en parant, le cavalier dirigeait la pointe de son arme sur la poitrine de son adversaire et non vers le ciel (*la punta più alta della testa*), si, en un mot, il se trouvait tout placé pour la riposte.

Il semble que les Italiens aient emprunté en partie les principes de l'emploi du sabre à notre règlement de 1829 : on admettait alors en France que les cavaleries étrangères usent plus volontiers du tranchant que de la pointe. Or cet axiome a cessé d'être vrai : dans toutes les armées, on recommande aux cavaliers de se servir de la pointe. Aussi les parades compliquées, qu'on pouvait à la rigueur enseigner à des soldats liés au service pour sept années, sont-elles aujourd'hui sans objet.

La durée limitée du service et l'impossibilité de faire passer les cavaliers par la salle d'armes imposent une escrime du sabre très simplifiée : la meilleure des parades consiste à attaquer, à menacer de la pointe son adversaire. Ce principe n'est-il pas méconnu par le règlement italien ?

Maniement et emploi de la lance.

Le maniement de la lance à pied a pour objet de préparer le cavalier à se servir de son arme à cheval. Les cavaliers sont formés sur un rang, à 1 pas d'intervalle pour les mouvements qui ne doivent s'exécuter qu'à pied et à 7 pas pour les mouvements qui sont la préparation à l'emploi de l'arme à cheval.

Mouvements s'exécutant seulement à pied. — Position de la *lance au pied* (garde à vous). — Saisir la lance avec la main droite à hauteur du menton, le pouce fermé sur l'index, les ongles à gauche, l'avant-bras appuyé au bois, la lance tenue verticalement, le talon de l'arme à terre à 0^m,10 de la pointe du pied droit sur le même alignement.

Repos. — Appuyer la lance au défaut de l'épaule droite, la main droite allongée sur le bois.

La lance au bras (Bracc-Lanc). — Le cavalier étant dans la position de la lance au pied, appuie l'arme au défaut de l'épaule droite, allonge le bras, saisit l'arme le pouce en avant, l'index allongé, les autres doigts en arrière, relève l'arme verticalement en pliant légèrement le bras droit jusqu'à ce que le talon de l'arme soit à 0^m,10 du sol.

Les cavaliers étant dans la position de la lance au bras, mettent la lance à l'épaule (en marchant). Au commandement : *Spall-Lanc,* lever la lance et l'appuyer sur l'épaule droite en dirigeant la pointe à gauche. Tenir l'arme à pleine main, les doigts allongés en dessus du bois, le pouce en dessous.

Pour *former les faisceaux,* les trois cavaliers désignés par l'instructeur s'avancent de 4 pas. Celui du centre reçoit les lances de ses deux voisins, il forme le faisceau en nouant les trois armes avec la courroie porte-lance, et disposant les talons en triangle. Les autres cavaliers forment alors le cercle autour du faisceau, y appuient légèrement leurs armes et reprennent leur place dans le rang.

Au commandement : *Reprenez lances (Ripigliat-Lanc),* les cavaliers reprennent leurs armes et reprennent leur place dans le rang.

Emploi de la lance. — Les cavaliers espacés à 7 pas d'intervalle prennent la position : *com'a cavallo* (fig. 10).

Présenter la lance. — Allonger le bras droit en inclinant la lance en avant.

Porter la lance. — Reprendre la position : *com'a cavallo* (fig. 10).

Les cavaliers enlèvent et remettent le fourreau aux commandements : *Levat-Fodero* et *Mettet-Fodero* ; ils présentent l'arme pour l'inspection de la lance.

Au commandement : *Lance au bras gauche :*

Un. — Le cavalier au port de la lance appuie la lance dans la main gauche entre le pouce et l'index et prend les rênes avec la main droite passant par-dessus la main gauche, les ongles

Fig. 10.

en dessous, le pouce sur la rêne gauche. La main gauche saisit la lance le plus bas possible.

Deux. — Retirer le talon de la botte, lever l'arme, la faire glisser au-dessus de la main de bride, laisser retomber le talon à gauche, le loger dans la botte et appuyer la lance au défaut de l'épaule gauche.

Les cavaliers reviennent au *port de la lance* par les moyens inverses.

Le port continu de la lance au bras droit présente de sérieux inconvénients. Le côté hors montoir est surchargé. Le poids porté par le cheval n'est pas systématiquement réparti.

En faisant porter la lance à gauche, le règlement italien permet de reposer les cavaliers et d'éviter les blessures produites si fréquemment sur le flanc droit des chevaux de nos lanciers :

La lance à la cuisse. — (V. fig. 11.)

Les cavaliers se mettent en garde :

En avant
A droite
A gauche } Contre les troupes à cheval.
En arrière à gauche

En avant en bas
A droite en bas } Contre les troupes à pied.
A gauche en bas

Les cavaliers étant dans la position : *com 'a cavallo* (fig. 10), l'instructeur commande :

En avant en garde.

Lever verticalement la lance, jusqu'à ce que la main droite soit à hauteur de la mamelle droite, les ongles en arrière, l'avant-bras contre la lance, — abaisser vivement la pointe en avant de telle façon que l'arme soit horizontale en équilibre et serrée sous l'aisselle droite (fig. 12.)

Fig. 11.   Fig. 12.

A droite en garde.

Tourner la pointe de l'arme à droite, le corps suivant le mouvement de l'arme.

A gauche en garde.

Même prescription.

En arrière à gauche en garde. — (V. fig. 13.)

Pour la mise en garde contre l'infanterie, les cavaliers prennent les positions que nous venons de décrire en abaissant la pointe.

Fig. 13.

Pour passer de la position : *en garde en bas à droite* à la mise : *en garde en bas à gauche*, il faut ramener l'arme dans la position horizontale pour contourner l'encolure du cheval.

Les *moulinets* ont pour objet d'apprendre aux cavaliers à manier avec aisance leur arme ; ils s'exécutent : *en arrière à gauche, en avant à volonté.*

Les coups de pointe se donnent : en avant à droite, à gauche, en arrière à gauche, en avant en bas, à droite en bas, à gauche en bas.

Au commandement : *Pointez (Puentate)* :

Allonger le bras et l'épaule droite, la lance appuyée à l'avant-bras sous l'aisselle. Revenir à la mise en garde (fig. 14).

En bas pointez. — (V. fig. 15.)

Fig. 14.

Fig. 15.

En arrière à gauche pointez. — (V. fig. 16.)

Position de la charge. — Au commandement : *Pour charger — chargez*.

Le premier rang prend la position : *en garde en avant* (fig. 12),

Fig. 16.

le deuxième rang la position de la *lance à la cuisse* (fig. 11).

Les parades sont au nombre de quatre : à droite, à gauche, en demi-cercle, à l'entour.

Les parades à droite et à gauche s'emploient contre un homme à cheval ou à pied, les deux autres parades servent pour lutter contre plusieurs adversaires à cheval. Elles doivent être exécutées avec vigueur, l'arme étant serrée entre le bras droit et le corps.

A droite parez. — Lever la pointe de la lance vers la gauche, abaisser avec force la lance à droite pour dévier le coup porté par l'adversaire et revenir à la mise en garde.

A gauche parez. — Lever la pointe de la lance vers la droite, abaisser avec force la lance à gauche comme pour la parade précédente.

En demi-cercle parez. — Faire décrire à la pointe de la lance un demi-cercle en partant de l'épaule droite jusque sur l'épaule gauche et *vice versá*.

A l'entour parez. — Tourner avec force la lance de droite à gauche et de gauche à droite en serrant fortement l'arme entre le bras et le corps. Continuer jusqu'au commandement : *en garde*.

Quand les cavaliers sont suffisamment exercés aux coups et aux parades, on leur fait exécuter l'attaque à volonté. On leur apprend qu'un lancier doit songer à attaquer plutôt qu'à se défendre, sur-

tout quand il n'a devant lui qu'un seul adversaire. Le lancier doit
viser l'aisselle du cuirassier avec la pointe de son arme.

Quand il est attaqué à droite et à gauche par de l'infanterie, il
doit chercher à parer les coups de baïonnette par la parade à gauche, parce que le fantassin résiste difficilement au choc de gauche
à droite. Contre plusieurs cavaliers, on emploie les parades en
demi-cercle et « alentour parez ».

Le lancier doit éviter de se laisser approcher par le chevau-
léger afin de conserver l'avantage. Contre un fantassin en garde,
le lancier doit faire une feinte à gauche pour l'amener à se décou-
vrir à droite et pointer ensuite avec force.

Ces principes sont mis en pratique dans l'exercice que nous
allons décrire. A chaque séance, un cavalier est armé d'une lance
dont l'extrémité est pourvue d'une boule. L'instructeur attaque
avec un sabre, une lance ou un fusil en bois le cavalier, qui apprend de la sorte à se défendre et à riposter.

On termine enfin cette instruction en mettant le lancier en
présence de mannequins en paille, pour lui apprendre à bien diriger ses coups de pointe.

Maniement et emploi de la carabine.

Le maniement d'armes se fait d'après les mêmes commandements et les mêmes principes que dans les autres armées.

Les figures 17 et 18 ci-contre représentent le cavalier au port
d'armes et au repos. Les cavaliers mettent l'arme à la bretelle
comme les fantassins français; ils ne portent pas l'arme à la gre-
nadière.

Les mouvements concernant l'emploi de la baïonnette sont :

Baïonett-cann (baïonnette au canon) [3 temps].

Un. — Prendre l'arme à pleine main, la placer à 10 centimètres
devant le corps, légèrement inclinée à droite, la main droite à
hauteur de la poitrine, le canon à droite.

Deux. — Tirer la baïonnette de son canal et la planter au bout
du canon.

Trois. — Revenir au port d'armes ou à la position de l'arme au
pied.

Levat-et (remettre la baïonnette) [deux temps].

Le cavalier remet la baïonnette par les moyens inverses de ceux employés dans le mouvement précédent.

Crociat-et (croiser la baïonnette).

Comme dans notre règlement d'infanterie.

En garde.

La baïonnette étant croisée, le cavalier porte le pied droit à 50 centimètres en arrière du gauche.

Au commandement : *Pointez,*

Avancer le pied gauche de 50 centimètres en tendant la jambe

Fig. 17.

Fig. 18.

droite sans déplacer le pied, lancer un coup de baïonnette en visant la poitrine ou le flanc de l'adversaire, en allongeant les deux bras, la crosse arrivant à hauteur de la poitrine.

Quand le coup de baïonnette est lancé sur un homme à cheval, il faut, pour donner plus de portée au coup, lâcher l'arme de la main gauche en l'accompagnant de la main droite.

Les parades *à droite, à gauche, en bas* se font par une simple opposition.

Quand les cavaliers savent manier leur arme, l'instructeur,

muni d'une lance sans fer, se place devant chacun d'eux et les exerce à parer et à riposter.

Le combat à pied se fait d'après les mêmes principes qu'en France. L'escouade se porte en avant par bonds successifs. A 100 mètres de l'objectif, elle donne l'assaut.

Au commandement : *Attenti per l'assalto*, les cavaliers mettent la baïonnette au canon. Au commandement : *Alla baionetta*, les cavaliers courent sus à l'ennemi en criant : *Savoia !*

Maniement et emploi du revolver.

Le revolver est porté dans un étui fixé au ceinturon, sur le côté droit du cavalier. Le cordon du revolver passe autour du cou du cavalier, sous le collet de la veste, et sort entre le deuxième et le troisième bouton. Le revolver s'emploie en patrouille, dans le combat contre des ennemis épars, contre l'artillerie, dans toutes les circonstances, en un mot, où le cavalier peut obtenir un effet utile sans tirer sur ses camarades. On ne doit jamais se servir du revolver dans la charge en ligne.

Les cavaliers armés du revolver s'exercent au tir à la cible à cheval et tirent à toutes les allures.

Le maniement du revolver à pied est la préparation à l'emploi de l'arme à cheval ; les cavaliers prennent par suite la position *comme à cheval (com'à cavallo)*, que nous avons décrite.

Les mouvements sont ceux de : *Haut arme, joue, inspection arme, abandonnez l'arme, position de la charge*, laisser tomber l'arme sur le flanc droit, où elle reste pendue au cordon.

Chargez arme, déchargez arme, feu.

Ces mouvements sont à peu près les mêmes que ceux de notre règlement. Il est prescrit au cavalier qui se sert de son revolver à cheval de tenir le sabre pendu au poignet par la dragonne.

Instruction à cheval.

L'instruction des recrues se divise en quatre périodes :

1° Instruction en couverture et filet — durée, un mois ;

2° Instruction en selle et filet — durée, deux mois ;

3° Instruction en selle et bride — durée, deux mois ;

4° Travail en armes — durée, un mois.

Pendant les trois premières périodes, les leçons sont données au manège ou dans des carrières annexées au quartier.

Le travail en armes s'exécute sur le terrain de manœuvres.

Fig. 19.

La première période correspond à notre travail préparatoire.

Les Italiens insistent moins que nous sur les assouplissements et commencent dès le premier mois à enseigner aux recrues l'emploi des aides. A la fin de cette période (après un mois d'apprentissage), on fait franchir aux cavaliers une barre peu élevée placée en travers de la piste. La position du cavalier à cheval diffère de la nôtre sur un point : le talon est plus bas que la pointe du pied dans le travail sans étriers (fig. 19).

Dès la deuxième période, — après un mois d'équitation seule-

Fig. 20.

ment, — les cavaliers apprennent l'emploi de l'étrier. Voir figure 20 la position du cavalier en selle et étriers. Cette période correspond à la fin de notre travail en bridon. Nous n'entrons pas dans le détail des prescriptions réglementaires : elles sont absolument les mêmes qu'en France.

Travail en bride. — Les cavaliers tiennent les quatre rênes séparées dans le travail sans armes : les deux rênes de bride séparées par l'annulaire et la rêne gauche de filet tenue à pleine main dans la main gauche, la rêne droite de filet à pleine main dans la main droite.

Dans les marches et à partir de l'école de peloton, le cavalier tient les rênes dans la main gauche, — le filet à pleine main, — la rêne droite entrant dans la main vers le pouce, la rêne gauche sortant du côté du petit doigt (fig. 21).

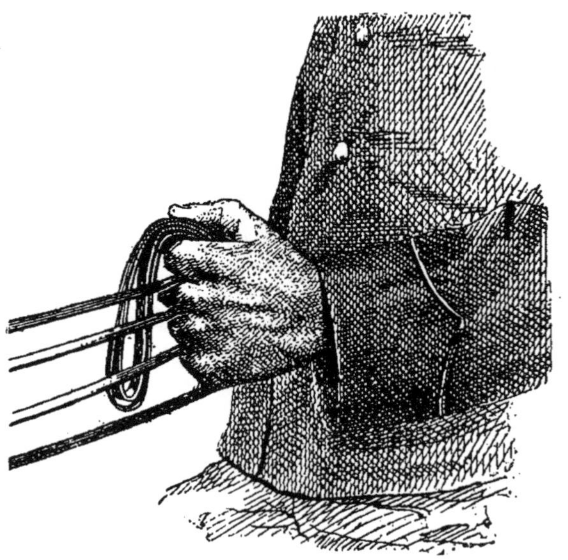

Fig. 21.

Dans le travail en armes et pour le défilé, le cavalier conduit son cheval à deux rênes, sur le mors de bride (fig. 22). Même tenue de rênes que ci-dessus, les rênes de filet restant flottantes.

Pendant cette période, on fait exécuter aux cavaliers un travail plus serré que précédemment. On ne s'est guère préoccupé de l'allure jusque-là. La première fois qu'on parle d'allure aux cavaliers, on leur enseigne qu'il y a deux sortes de pas : le pas rassemblé de 75 mètres et le pas de manœuvre de 100 mètres ; trois espèces de trot :

1° Le trot normal de 200 mètres, allure servant pour la manœuvre et le défilé ;

2° Le trot allongé de 250 mètres ;

3° Le trot rassemblé de 150 mètres.

Le galop rassemblé, le galop de manœuvre et même le galop

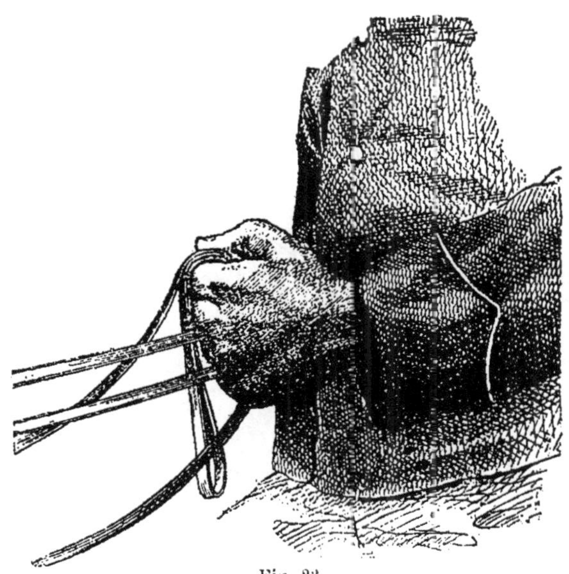

Fig. 22.

allongé sont employés concurremment pendant la troisième période *sur les carrés,* qui ont la même dimension que les nôtres, 90 mètres sur 30 mètres. La vitesse du galop rassemblé est de 200 mètres par minute, celle du galop de manœuvre de 333 mètres et du galop allongé de 450 mètres. A la fin de la troisième période, on exécute le travail sur les grandes lignes et les exercices préparatoires à la charge. Voici dans quelles conditions on amène les cavaliers à prendre l'allure la plus rapide que puissent donner leurs montures : On les fait partir sur une ligne droite et franchir 100 mètres au pas, 100 mètres au trot, 400 mètres au galop de manœuvre, 400 mètres au galop allongé, 200 mètres au train de charge. Ils repassent ensuite au pas en éteignant progressivement l'allure sur une distance de 100 mètres.

Le travail en armes s'exécute comme en France : les cavaliers portent la coiffure distinctive et les chevaux sont en selle paquetée (fig. 23). Les cavaliers font à cheval les exercices du sabre, de la lance, de la carabine et du revolver qu'on leur a enseignés à pied. On offre à leurs coups un mannequin dont la figure 24 donne le modèle et qui est pour nos lecteurs une vieille connaissance.

Fig. 23.

(Puisqu'il paraît si bien acclimaté sur la terre étrangère, on nous pardonnera d'en dire tout le mal que nous en pensons.)

Ce mannequin, solidement fixé au sol, offre une résistance que ne présentera jamais le corps d'un adversaire. Suivons du regard une reprise de jeunes cavaliers qui font emploi du sabre. L'un d'eux, plein d'ardeur — l'ardeur des néophytes — arrive au galop sur le mannequin : il va transpercer de part en part cet ennemi du temps de paix, qu'on offre à ses coups. La pointe de son sabre atteint malheureusement le poteau inébranlable qui sert de noyau au rembourrage et... le cavalier reçoit dans le poignet un choc d'autant plus violent que son allure était plus rapide. C'est une leçon dont il se souviendra : il se promet bien de *simuler* à l'avenir les coups de pointe.

Voilà pourquoi l'on voit les cavaliers italiens arrivés à la quatrième période de l'instruction faire glisser la pointe de leur arme sur le cuir du mannequin *sans l'entamer*.

Si, continuant nos observations, nous examinons le cavalier qui va donner un coup de sabre, nous remarquerons qu'instinctivement il attend, pour sabrer, d'avoir dépassé de quelques centimètres son objectif. Il ne donnera pas le *coup de tête en avant vers la droite*, il frappera à droite. Voici pourquoi : il sait que le mannequin est fixe et ne cédera pas. S'il frappait en avant vers la droite ou vers la gauche, il lui serait impossible d'escamoter le coup et d'éviter le choc dans le poignet qu'il redoute trop. En frappant plus tard, le même inconvénient ne se produit plus. Ce sont là des leçons détestables.

Nous sommes étonnés que les Italiens, qui ont pourtant le génie de l'invention, n'aient rien

Fig. 24.

trouvé de mieux que ce modèle d'objectif. Ils l'ont adopté sans doute pour des raisons d'ordre économique. Ce mannequin étant respecté par les cavaliers, qui n'osent l'entamer, son remplacement s'impose moins souvent. Nous pensons au contraire qu'un mannequin est fait pour être embroché, tailladé, déchiqueté. L'argent dépensé pour les réparations, ou même le remplacement de cet objet est utilement employé.

En Égypte et en Turquie, les cavaliers s'exercent à l'emploi du sabre ou de la lance sur des mannequins en terre glaise. Un homme de corvée se tient à côté de l'objectif avec un baquet de terre, et, après chaque coup, répare en un tour de main le dégât.

Des sabres d'instruction sont nécessaires, il est vrai, pour ce genre d'exercice, qui détériorerait assez rapidement les armes des cavaliers. En Suède, en Belgique, en Allemagne, beaucoup de chefs de corps ont adopté, de leur propre initiative, des mannequins mobiles aussi pratiques que peu coûteux, tous préférables, à notre avis, au mannequin italien.

Le règlement italien de 1891 a simplifié beaucoup l'équitation enseignée aux recrues : on leur demande seulement de bien manier leurs chevaux et leurs armes dans toutes les directions et à toutes les allures. La pratique fréquente des allures rassemblées disparaîtra probablement avec l'adoption de la méthode d'instruction intensive, qui paraît être en faveur en Italie : on cessera par suite d'enseigner aux recrues qu'il existe deux sortes de pas, trois espèces de trot et trois sortes de galop. Ce sont là des notions bien complexes, difficiles à inculquer à l'homme de recrue. Les Allemands enseignent à leurs cavaliers qu'il y a trois types d'allure, trois chiffres à savoir imperturbablement. Ils modifient l'allure, quand il y a lieu, en commandant *allongez* ou *ralentissez*. C'est assurément plus simple.

Voici quelles sont en Allemagne et en Italie les allures réglementaires de manœuvre :

	Italie.	Allemagne.
Pas	100^m	100^m
Trot	200	240
Galop	333	400
Galop allongé	450	»

Le trot et le galop réglementaire des Italiens sembleront bien lents : il ne faut pas oublier que cette lenteur est imposée par la médiocre qualité des chevaux.

Instruction des anciens.

Les recrues ont été mises à même, après six mois d'instruction, de prendre place dans le rang et de suivre les exercices de l'été. Il est nécessaire de les perfectionner pour augmenter leur valeur comme combattants et les mettre en mesure de rendre des services au dressage. L'instruction des anciens commence après les manœuvres et le départ de la classe et continue, concurremment avec l'instruction des recrues, jusqu'à l'école de peloton. Les anciens retardataires recommencent leurs classes avec les recrues, afin de ne pas entraver les progrès de leurs camarades.

L'instruction des anciens comprend : le travail au manège ou dans les carrières, le travail à l'extérieur, les exercices complémentaires et le dressage des chevaux de remonte.

On reprend tous les exercices exécutés au travail en bride et au travail en armes ; ces derniers, devant être exécutés sur les grandes lignes, font l'objet des dernières leçons qui précéderont immédiatement l'école de peloton.

Travail dans la carrière. — Ce genre de travail ne s'exécutant qu'en bride, les instructeurs ont généralement soin de faire de temps en temps conduire les chevaux sur le filet, en laissant les rênes de bride flottantes. On enseigne au cavalier l'emploi de deux nouvelles aides : *le coup de langue* et *la cravache.*

On l'exerce fréquemment aux appuyers, on l'amène progressivement à exécuter un travail de manège très serré, à prendre les allures ralenties et cadencées.

Le *travail à l'extérieur* a pour objet de confirmer les cavaliers dans la notion des allures et de donner au cheval la franchise qui lui est nécessaire pour marcher isolément.

On fait répéter les exercices préparatoires à la charge individuellement, puis par groupes de 4 à 6 cavaliers.

On procède enfin aux *exercices de combat :* les cavaliers sont armés de sabres en bois, de lances sans fer et de fusils de bois.

On les munit au préalable de masques et de gants d'escrime et on leur fait, dans ces conditions, exécuter le combat individuel, comme dans la mêlée. On met en présence deux hommes armés d'un sabre. On oppose ensuite la lance au sabre, puis la lance à la lance. On figure le combat du cavalier contre les fantassins. On représente enfin l'attaque d'une batterie dont les pièces sont figurées par des voitures régimentaires, les servants abrités sous les roues tirant sur les assaillants des cartouches à blanc.

Ces exercices devraient donner d'excellents résultats : malheureusement, les cavaliers finissent par prendre trop au sérieux ces simulacres de combat et rendent parfois avec une vigueur exagérée les coups qu'on leur a portés. Enfin, les chevaux, exposés aux à-coups de la main du cavalier, acculés à tout instant sur les jarrets, recevant parfois les coups qui ne leur sont pas destinés, contractent dans ce genre de travail l'habitude de la rétivité.

Le combat de deux cavaliers sans armes qui cherchent réciproquement à se toucher l'épaule gauche n'offre pas les mêmes inconvénients. Le cavalier dispose des deux mains pour la conduite de son cheval, enfin il ne peut frapper son adversaire. Ce dernier exercice est généralement préféré par les instructeurs italiens.

Les anciens sont exercés, autant que possible, à passer des rivières à la nage sur des chevaux paquetés. Une école de natation est instituée dans les garnisons qui disposent d'un cours d'eau. On admet qu'un cavalier sachant nager n'entravera pas les efforts que fera sa monture pour atteindre la rive opposée.

Les hommes et les chevaux sont instruits séparément; puis les meilleurs nageurs franchissent la rivière avec leurs chevaux, sans armes d'abord, puis avec leurs armes et en paquetage.

Ces exercices ont pour résultat de dresser quelques cavaliers hardis à ne connaître aucun obstacle et à rendre par suite de très grands services en patrouille.

On fait d'abord passer les chevaux dans un cours d'eau peu large, autant que possible sans courant, ayant un fond solide. Les rives doivent être en pente douce, afin de permettre l'accès facile de la rivière. Quand les chevaux passent bien un cours d'eau de $1^m,20$ de profondeur, on leur fait perdre pied en les conduisant dans une partie de la rivière où ils ne puissent trouver le fond en se cabrant. Les chevaux prendront de la sorte l'habitude de se mettre à la nage dès qu'ils perdront pied. Un homme monté sur une barque dirige le cheval avec une longe. La barque doit se tenir constamment à $1^m,50$ du cheval. Celui-ci cherchera instinctivement à rebrousser chemin s'il arrive dans un courant rapide. Les hommes montés sur la barque doivent alors ramer de toutes leurs forces pour obliger le cheval à suivre la direction qu'on lui a imposée. Quand les chevaux sont rompus à cet exercice, on leur fait passer le cours d'eau en liberté derrière ceux d'entre eux qui ne sont pas confirmés et qu'on conduit encore à la longe.

Le dressage des chevaux montés se fait en graduant les difficultés, l'homme nageant d'abord à côté du cheval, puis passant sur son dos — et enfin franchissant la rivière avec ses armes — en paquetage de campagne.

Les hommes devenus habiles à ce genre d'exercices seront employés dans les reconnaissances de gués de préférence à leurs camarades.

Une troupe franchit une rivière non guéable en faisant passer les chevaux à la nage et les hommes avec leurs armes et leurs

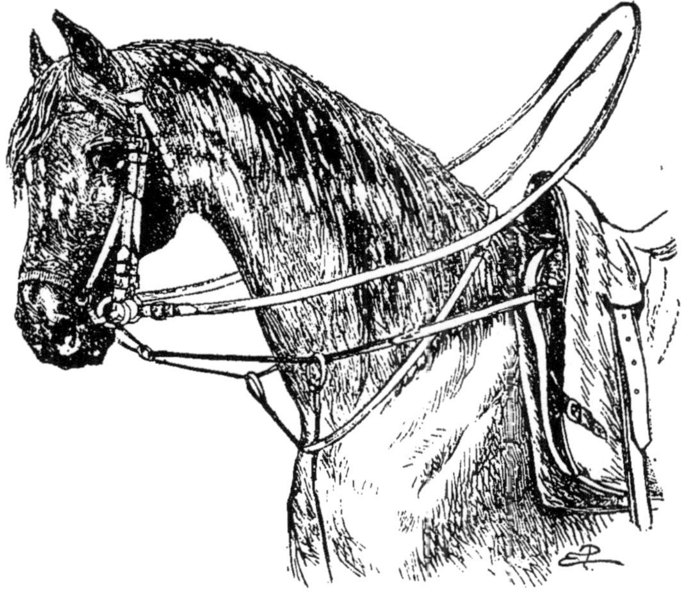

Fig. 25.

selles en barque. La cavalerie italienne est très entraînée à ce genre d'exercices.

Dressage des chevaux de remonte. — Nous n'entrerons pas dans le détail de ce genre de travail.

Nous avons dit dans un chapitre précédent que les chevaux arrivent des dépôts d'élevage débourrés déjà. Ils ont galopé en liberté et possèdent par suite la notion des allures, celle-ci fait défaut à notre cheval normand, qui a été élevé dans des prairies peu étendues et a toujours trouvé à sa portée l'eau et l'herbe qui lui étaient nécessaires. Le dressage du cheval prend par suite moins de temps en Italie qu'en France. La progression suivie dans le dressage est la même que chez nous. Au lieu du bridon simple, on fait un fréquent usage d'une sorte de deuxième filet, dit rêne auxiliaire ; les deux rênes de ce filet sont réunies dans un anneau, maintenues par la martingale et fixées à la selle (fig. 25). L'utilité de la rêne auxiliaire est de permettre à un cavalier quelconque de placer immédiatement la tête et l'encolure d'un jeune cheval, qui ne serait pas parfaitement conformé.

La rêne auxiliaire peut être employée sans inconvénient même par un cavalier médiocre ; elle met le cheval dans l'impossibilité de se soustraire à l'action du cavalier. Le règlement italien ajoute que le travail exécuté avec la rêne auxiliaire est une excellente préparation au travail en bride, même pour les chevaux bien conformés.

Instruction des gradés.

Cette instruction a principalement pour objet de perfectionner l'instruction équestre des gradés. Les sous-officiers du régiment sont réunis en reprise sous la direction de l'instructeur d'équitation ; des leçons sont données aux caporaux-majors et caporaux, dans chaque escadron, par un officier désigné par le capitaine commandant. On enseigne aux gradés tous les raffinements de l'équitation de manège : certains instructeurs leur font même exécuter des airs de haute école, bien que le règlement ne le prescrive pas. On termine les séances par des courses de résistance et enfin pour développer chez les gradés le goût de l'équitation d'extérieur, on organise pour eux des rallye-paper, des courses au clocher, des courses plates et des courses d'obstacles.

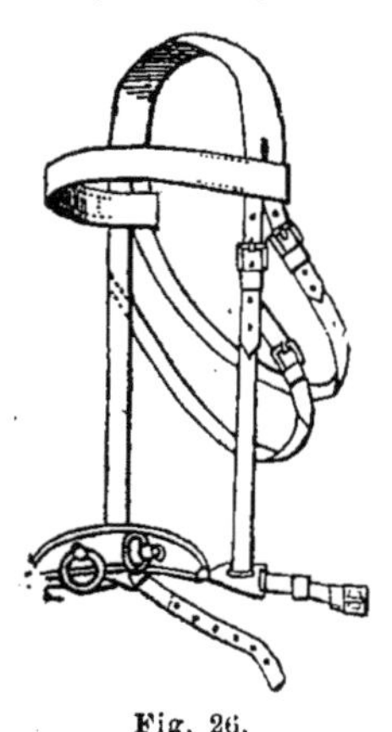

Fig. 26.

Travail à la longe.

Les officiers sont seuls chargés du dressage à la longe des jeunes chevaux. Les sous-officiers doivent recevoir seulement les notions nécessaires pour la conduite à la longe des chevaux de voltige.

Ce genre de travail est employé principalement pour le dressage des chevaux vicieux ou mal conformés, qui refusent de porter le cavalier.

Les figures 26 et 27 donnent le modèle de la longe italienne.

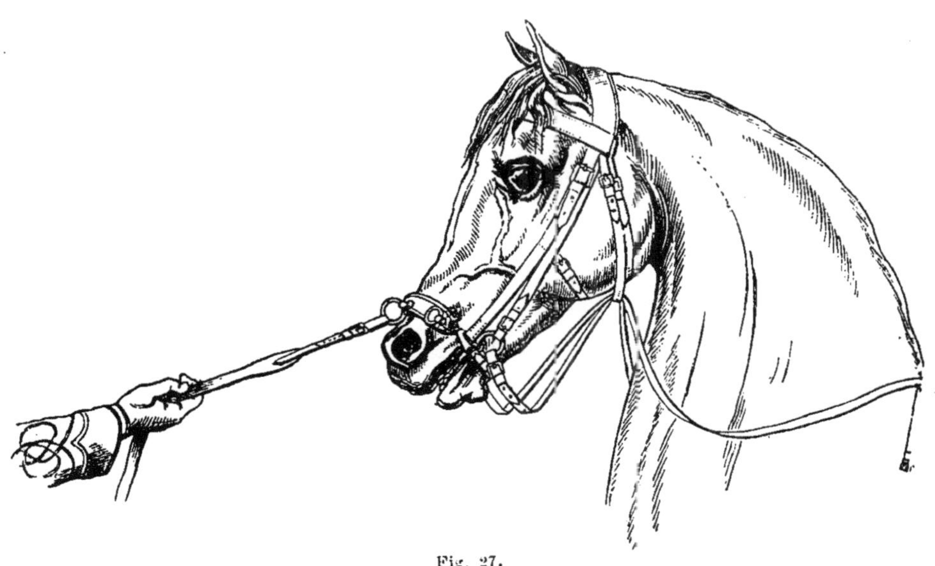

Fig. 27.

La leçon donnée ressemble beaucoup à la nôtre : toutefois,

Fig. 28.

l'officier instructeur dispose d'un sous-instructeur maniant la chambrière et d'un aide (fig. 28). Quand le cheval est suffisamment habitué à obéir à la voix, on supprime l'aide. Plus tard, on habitue le cheval au poids du cavalier, on l'amène progressivement à exécuter un travail serré. L'instructeur passe enfin au travail sans longe dans la carrière, tout en se tenant prêt à recourir de nouveau au caveçon, si une nouvelle difficulté se produit.

CHAPITRE IX

LE RÈGLEMENT D'EXERCICES

L'école de peloton. — L'école d'escadron. — L'école de régiment. — Évolutions de la brigade et de la division. — Combat à pied.

Nous retrouvons dans la préface du règlement sur les exercices de la cavalerie italienne l'affirmation du principe de l'*initiative :* « Pour sauvegarder ce principe, le règlement détermine seulement les ordres fondamentaux et les formations les plus simples et les plus usuelles. Il ne mentionne pas les mouvements que pourraient nécessiter des circonstances exceptionnelles et laisse aux chefs toute latitude pour prendre les solutions imposées par la situation. » La simplicité et la concision seront par suite les principales qualités du règlement italien.

Les commandants de régiment, de demi-régiment et d'escadron sont responsables de l'instruction de leur unité. Le colonel assigne une durée aux périodes d'instruction et se borne à constater les résultats obtenus à la fin de chaque période. Il laisse à ses subordonnés la plus entière liberté sur le choix des moyens à prendre pour arriver au but et n'intervient que pour réprimer les infractions au règlement. Nous allons aborder l'examen des écoles de peloton, d'escadron, de régiment et de brigade ; nous nous bornerons à représenter la plupart des mouvements au moyen de figures, sans reproduire les explications, inutiles d'ailleurs pour nos lecteurs.

École de peloton.

Le peloton à cheval se compose de deux escouades : il est de 12 files au moins, de 16 au plus. Le peloton étant *en bataille,* le cavalier du centre se tient à 2 pas ($1^m,50$) derrière le guide. Le deuxième rang est à 2 pas (1^m,50) du premier. Les gradés et les appointés encadrent les escouades au premier et au deuxième rang. Le trompette et les sapeurs sont au deuxième rang. Les files creuses sont aux ailes du peloton (fig. 1).

Le peloton *en colonne de route* marche à un pas derrière le guide; les rangs de quatre ou de deux sont à un pas les uns des autres (fig. 2).

Au commandement : *Contate per due* (comptez-vous deux), les ca-

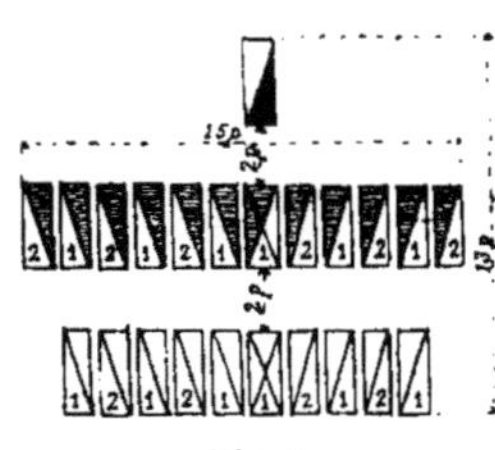
Fig. 1.

valiers se numérotent en même temps dans chaque escouade, en commençant par le centre du peloton (fig. 1). Le peloton monte à cheval et exécute la marche directe, la marche oblique, les conversions d'après les mêmes principes qu'en France. Quand le peloton n'a pas la place nécessaire pour exécuter une conversion, son chef commande : *Escouades à droite* — (ou *à gauche*) ou encore : *Escouades demi-tour à gauche* (ou *à droite*). Les escouades se conforment aux principes prescrits pour la conversion à pivot fixe.

Formation, marche et déploiement de la colonne de route. — Le peloton étant en bataille, l'instructeur commande : *Par deux (ou par quatre)* — (*au trot* ou *au galop*) — *marche*. Au commandement d'avertissement, le second rang serre à un pas du premier. Au commandement *marche*, le guide et les deux (ou quatre) cavaliers du centre se portent en avant à l'allure indiquée ; les cavaliers du deuxième rang suivent leurs chefs de file. Quand les hanches des chevaux du deuxième rang de la fraction qui rompt arrivent à hauteur de la tête des chevaux du premier rang, la ou les deux files voisines de chaque escouade se portent en avant et obliquent pour entrer dans la colonne (fig. 2). Quand le peloton est de pied ferme, la rupture se fait au pas. S'il est à une allure vive, on peut rompre sans doubler l'allure : le guide et la fraction du centre conservent seuls l'allure de la marche, le reste du peloton prend le pas ou ralentit. Les files reprennent successivement l'allure du guide en prenant place dans la colonne. On peut enfin rompre en doublant l'allure, à peu près comme en France.

Au commandement : *Par quatre — (au trot ou au galop) — marche,*
le guide et les deux files du centre conservent l'allure à laquelle
le peloton marchait précédemment. Les files n°s 2 prennent l'allure
prescrite, obliquent et se portent à hauteur des files n°s 1. Les

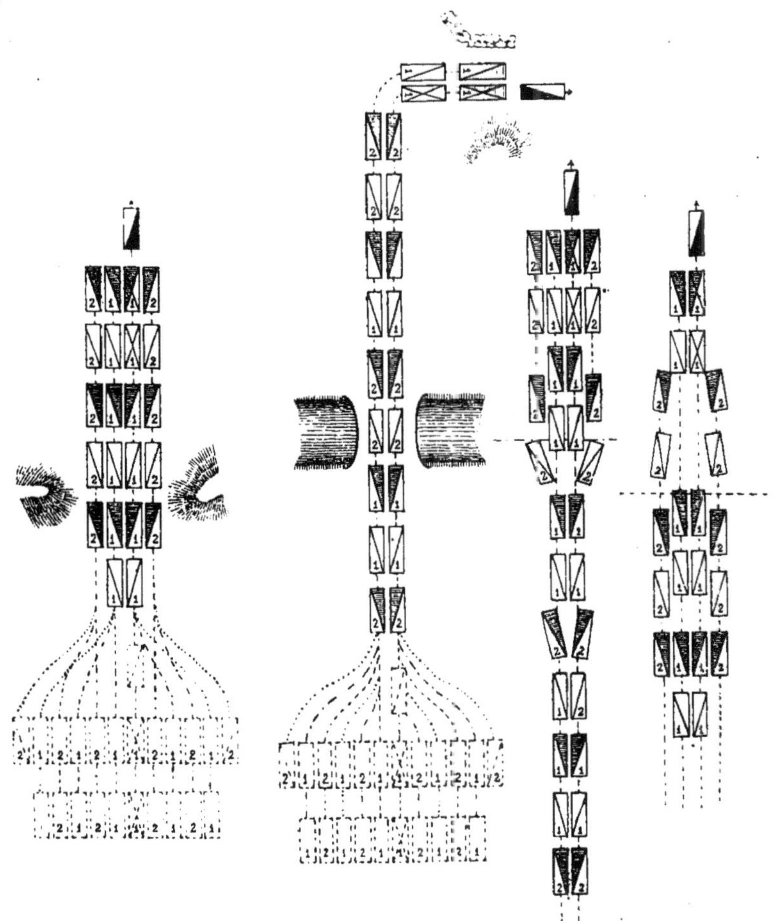

Fig. 2. — Formation, doublement et dédoublement de la colonne de route.

autres files serrent et doublent aussitôt qu'elles ont la place nécessaire (fig. 5).

Le dédoublement de la colonne par quatre s'opère par les moyens
inverses, en conservant l'allure de la marche ou en doublant l'allure — *Par deux — (au trot ou au galop — marche* (fig. 6).

La colonne marche, oblique, change de direction d'après les

mêmes principes qu'en France. Si elle doit prendre une direction inverse à celle dans laquelle elle est engagée, elle exécute son changement de direction par la tête de la colonne.

Quand il s'agit de reculer seulement de quelques pas, le chef de peloton commande : *Dietro front* (face en arrière). Les n°s 2 (dans la colonne par 4) exécutent un demi-tour de dehors en dedans, les n°s 1 suivent le mouvement des n°s 2 qui leur correspondent.

Dans la colonne par deux, chaque cavalier exécute un demi-tour individuel de dehors en dedans et se porte en avant dans la nouvelle direction.

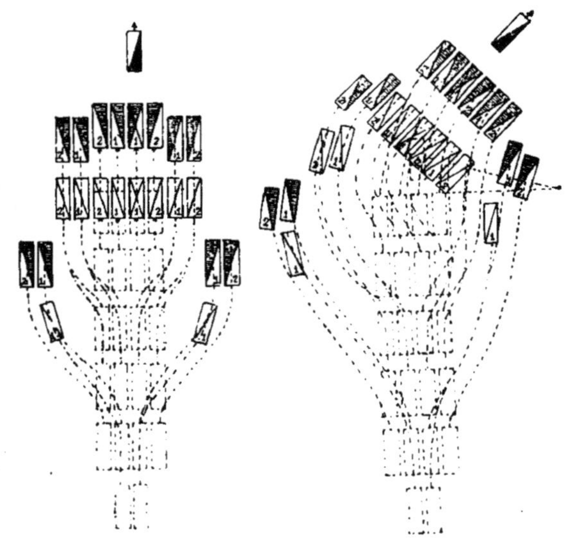

Fig. 3. — En bataille.

Le déploiement de la colonne de route s'exécute au commandement : *En bataille* — (*au trot* ou *au galop*) — *marche.* Le peloton se forme derrière le guide conformément aux indications de la figure 7.

En somme, la colonne de route italienne est, une fois formée, exactement semblable à la nôtre. La rupture par le centre du peloton présente un avantage incontestable : elle permet à l'instructeur d'enseigner qu'en toute circonstance le centre du peloton doit suivre le guide. Si nous préférons une règle sans exception, nous ne demandons certes pas pour cela qu'on modifie dans notre règlement les prescriptions qui ont trait à la colonne de route. Nous aimons mieux un mouvement un peu compliqué peut-être, avec lequel nos cavaliers et nos réservistes sont tous familiarisés, que le mouvement italien plus simple et plus rationnel, qu'il faudrait apprendre. Le mieux n'est-il pas l'ennemi du bien ?

Les Allemands se formaient jusqu'à l'année dernière en colonne par deux, et, par respect sans doute pour la tradition, en colonne par trois. Ils ont adopté, avec le règlement du 7 avril 1893, la colonne par quatre, française et italienne, modifiée de la façon suivante : les groupes de quatre et les rangs serrent sans distance les uns sur les autres. Les cavaliers du deuxième rang se placent vis-à-vis du créneau qui est à leur droite; cette disposition permet d'amortir les à-coups. La colonne est suffisamment articulée et n'a pas la rigidité qu'on pourrait lui supposer en jetant un coup d'œil sur la figure.

Voilà donc encore une solution différente ! Un escadron allemand de 100 sabres en colonne par quatre a une longueur de 72 mètres, le même escadron formé par quatre d'après les procédés italiens mesure 94 mètres. En réduisant à son minimum la longueur de la colonne de route, les Allemands ont voulu avant tout rendre plus rapide le rassemblement des grosses unités de cavalerie : *ils n'ont pas perdu de vue l'idée tactique même en rédigeant l'école de peloton.*

D'autre part, l'amour de la symétrie, sans doute, a fait maintenir dans le règlement allemand la rupture du peloton par la gauche; les Allemands ont donc deux procédés à leur disposition pour former la colonne de route, alors qu'en France et en Italie on a jugé qu'une solution unique suffisait pour l'exécution de ce mouvement.

École d'escadron.

L'escadron en bataille exécute les marches directes et obliques, les conversions, d'après les principes prescrits pour l'école de peloton (fig. 4).

La colonne de route se forme au commandement : *Sur le ..ᵉ peloton par deux* (ou *par quatre*) — (*au trot ou au galop* — *marche*. Le peloton désigné rompt et se porte droit devant lui, les autres rompent et entrent successivement dans la colonne.

L'escadron étant en bataille forme la colonne de pelotons sur ses flancs aux commandements de : *Pelotons à droite* ou : *Pelotons à gauche,* absolument comme en France.

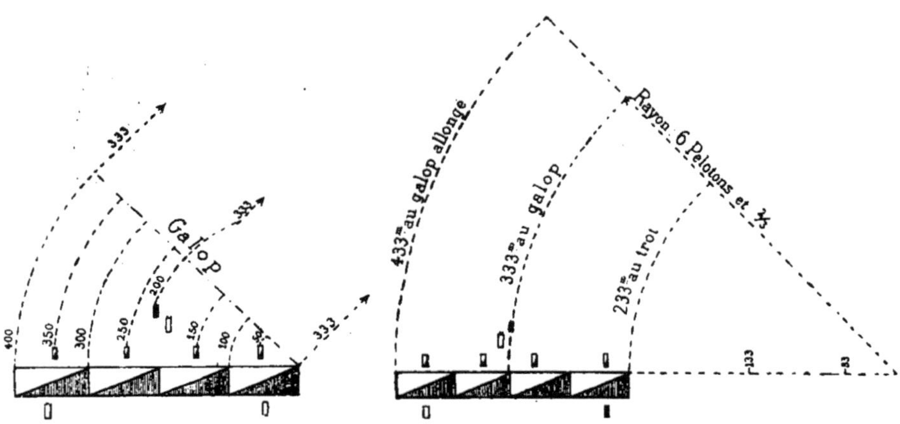

Fig. 4. — Conversion à pivot fixe.　　　　Conversion à pivot mouvant.

L'escadron se déploie en éventail au commandement : *En bataille — au trot* ou *au galop — marche* (fig. 5).

Il se déploie dans une direction oblique d'après le même commandement et les mêmes principes que chez nous.

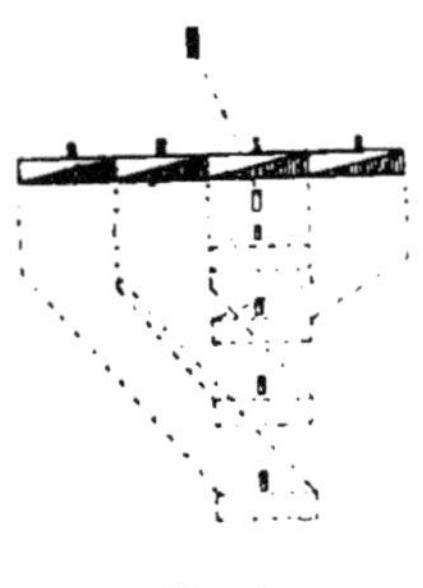

Fig. 5.

Un coup d'œil jeté sur la figure 6 donnera à nos lecteurs une idée très suffisante de l'école d'escadron allemande. En Allemagne, comme en Italie, on déploie la colonne de pelotons en éventail en avant de son front ; nous trouvons à cette manière de faire deux avantages : 1° si ce mode de déploiement est le seul en usage, les chefs de pelotons n'ont aucune indécision sur ce qu'ils ont à faire. Or, chez nous, par exemple, le chef du 4ᵉ peloton, qui, aveuglé par la poussière, a mal vu le geste du capitaine, se demande pendant un temps très court si l'escadron se déploiera vers la droite ou vers la gauche. De là un retard dans l'exécution du mouvement ; il ne prend sa nouvelle direction que lorsque les chefs des 2ᵉ et 3ᵉ pelotons ont amorcé le mouvement.

2° Le capitaine commandant, qui était au centre de la colonne

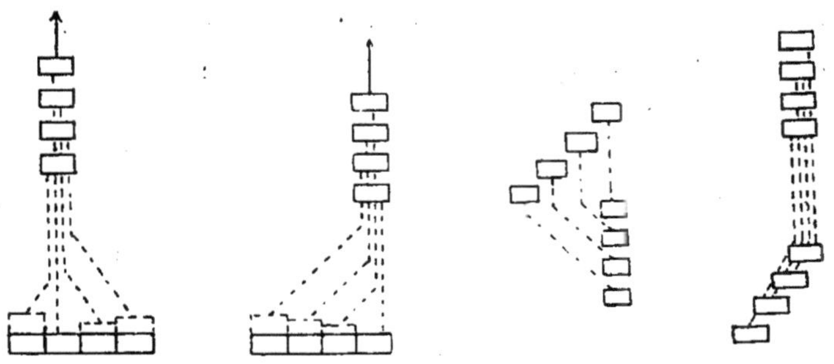

Fig. 6. — ÉCOLE D'ESCADRON.

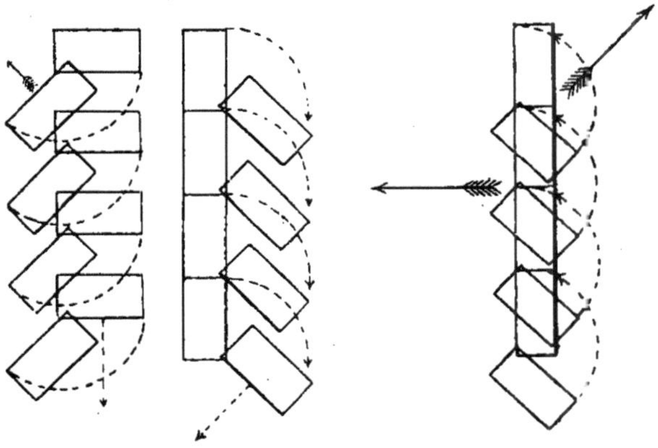

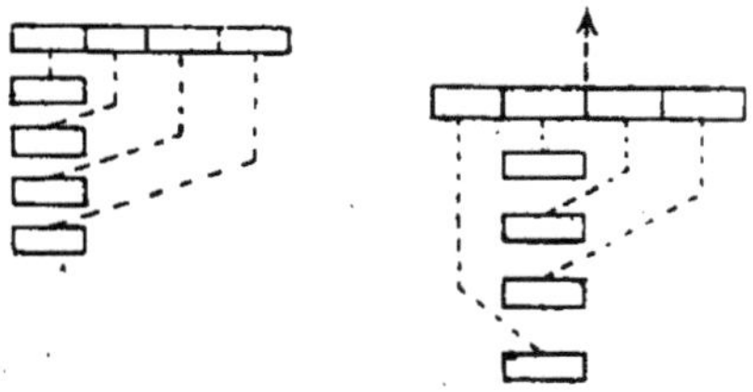

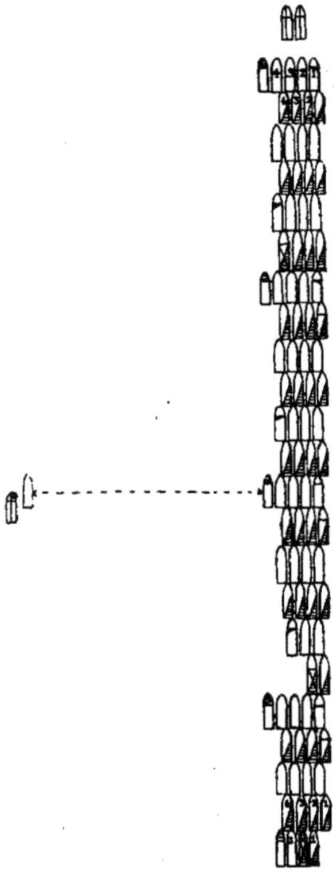

de pelotons, se trouve, sans modifier sa direction, au centre del'escadron déployé ; il n'a donc à se préoccuper que de la place qu'il
doit gagner de sa personne sur le front du régiment.

Les Allemands ont deux formules pour déployer la colonne de
pelotons en avant de son front. L'une des deux paraît être de trop.
Enfin, le règlement allemand a conservé des mouvements compli-
qués, tels que la formation ou le déploiement de la demi-colonne
par trois huitièmes de conversion (*durch Dreiachtel-Schwenken*). Les
exécutants doivent faire un véritable calcul pour se figurer le mouvement, qui ressemble à une figure de carrousel.

Nous préférons donc l'école d'escadron italienne, parce qu'elle
est plus simple.

École de régiment.

L'école de régiment italienne ressemble en tous points à la nôtre,
sauf les différences ci-après :

1° Le colonel se place *comme guide devant le centre du régiment* ;

2° Le régiment italien étant à 6 escadrons ne serait pas très maniable s'il devait évoluer constamment tout d'une pièce. Les mouvements exécutés par demi-régiments remédient à cet inconvénient.

Les escadrons d'un même demi-régiment sont séparés par un intervalle de 10 pas en bataille et en masse, de 70 pas en ligne de
colonnes. Les demi-régiments sont à 15 pas en bataille, en masse
et en colonne double, à 75 pas en ligne de colonnes.

En raison du front considérable occupé par la masse, on fait
plus fréquemment qu'en France usage de la colonne double, plus
souple que la masse et plus facile à déployer.

L'école de régiment allemande ne présente aucune particularité
méritant d'être signalée. Tous les mouvements prescrits dans le
règlement allemand peuvent être exécutés avec les procédés de
manœuvre et les commandements usités en France et en Italie.

En Allemagne comme en Italie, le colonel *marche devant le centre
du régiment,* même quand celui-ci ne compte que quatre escadrons.

Les prescriptions relatives à la charge sont les mêmes dans les
trois règlements : toutefois, les Allemands, cherchant dans les

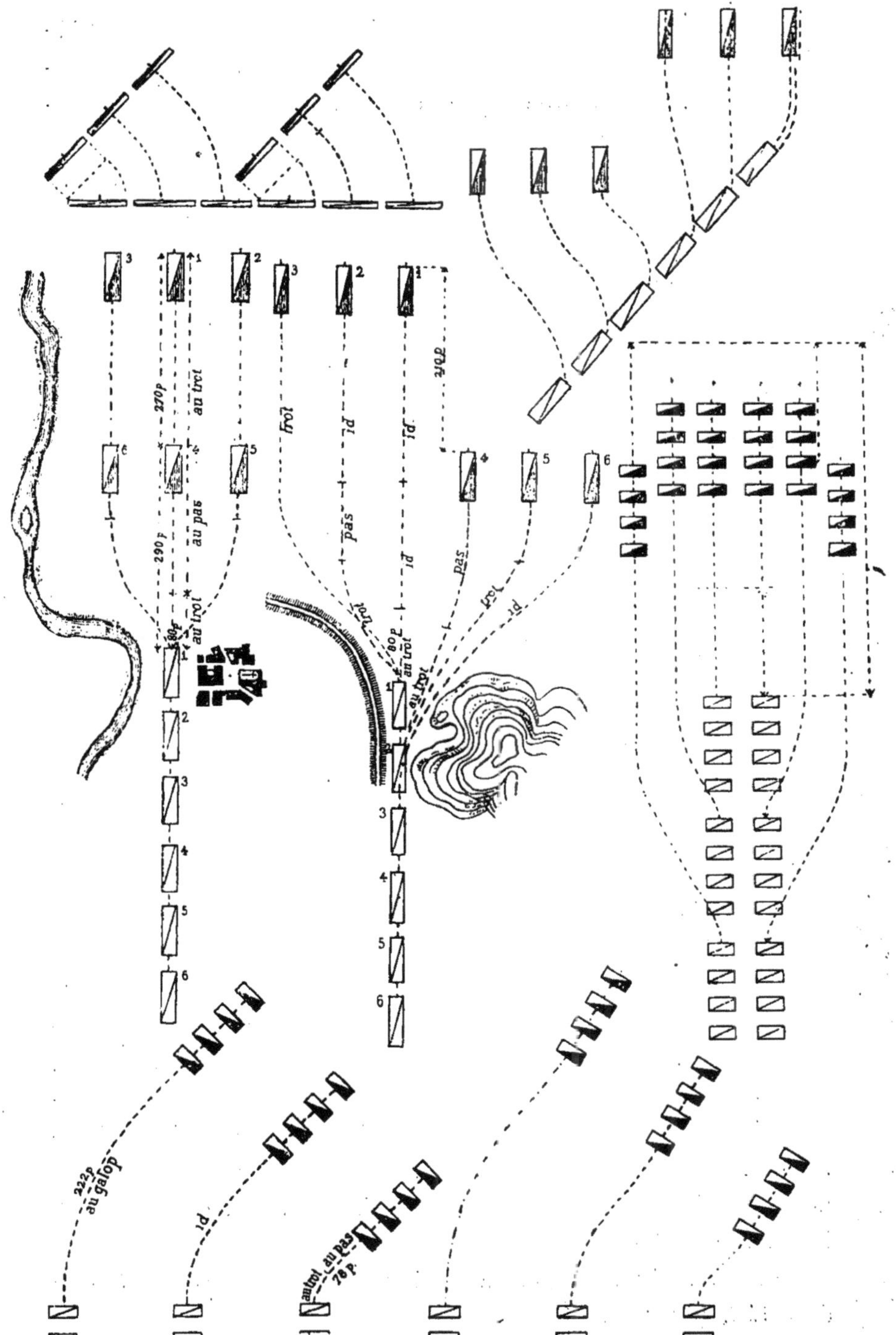

Fig. 7. — École de régiment italienne (mouvements exécutés par demi-régiments).

exercices de terrain de manœuvres à se rapprocher le plus possible de la réalité, figurent la mêlée. Cet exercice a le très grand avantage d'exercer les cavaliers à passer promptement de l'ordre dispersé à une formation compacte. Lorsqu'après la charge les cavaliers ont repris le trot, le guide commande : *Combat individuel* ; à ce commandement, les rangs se disloquent, les cavaliers se croisent en faisant des moulinets ou simulant des coups de pointe. Pour que l'intention de repousser l'adversaire s'affirme dès le terrain, la mêlée doit se dérouler en avançant. La poursuite est exécutée ensuite par les cavaliers en ordre dispersé.

Ces deux mouvements sont exécutés dans la plupart des régiments italiens, bien que le règlement ne le prescrive pas.

École de brigade.

Le règlement se borne à énumérer les formations de la brigade, qui sont les mêmes que celles du régiment. Le général se tient *100 pas devant le centre de la brigade.*

Évolutions de la division et emploi des grandes unités.

Deux brigades de cavalerie et un groupe de deux batteries à cheval réunis sous le commandement d'un seul chef forment une division.

La division, de même que la brigade, opérant isolément, se forme généralement sur trois lignes pour attaquer la cavalerie. Le chef doit faire concourir toutes les forces dont il dispose au même but et tenter d'envelopper l'adversaire. Le sort du combat de cavalerie dépend surtout du succès remporté par la première ligne. Celle-ci est renforcée par des escadrons de soutien disposés en arrière des ailes et destinés à arrêter les fractions ennemies qui auraient traversé la première ligne. Ils peuvent aussi intervenir utilement dans la mêlée aux points où l'issue du combat paraît incertaine.

La seconde ligne concourt à l'action de la première et la déborde du côté le plus menacé.

La troisième ligne joue le rôle de réserve.

La répartition des forces entre les trois lignes dépend de la mission qui leur est assignée et des conditions de la lutte. On admet en principe qu'on doit respecter les liens tactiques ; une brigade entière (12 escadrons) sera généralement affectée à la première ligne. Les deux autres régiments formeront, l'un la deuxième, l'autre la troisième ligne. Les escadrons disposés en serre-file derrière la première ligne sont fournis par celle des deux autres lignes qui est la moins exposée. En somme, sur 24 escadrons, les Italiens en affectent 14 à la première ligne. Cette règle n'a rien d'absolu d'ailleurs et le chef a toute latitude pour répartir ses forces comme il l'entend.

Les distances entre les lignes sont déterminées par cette considération qu'elles doivent être assez rapprochées pour intervenir utilement et avoir un espace suffisant pour se déployer ; il ne faut pas enfin qu'une ligne puisse être entraînée par la retraite de l'une des lignes précédentes. Les deuxième et troisième lignes sont généralement à une distance de 250 et 400 pas de la première. Les escadrons soutiens de la première ligne sont à environ 150 pas d'elle.

Le chef d'une grosse unité de cavalerie, qui combat en liaison avec d'autres troupes, doit avoir la liberté d'action la plus entière. Il a toute initiative pour intervenir en temps opportun, sans attendre d'ordres.

Il suit la marche du combat et à cet effet se tient en relation continuelle avec le corps dont il relève. Cette liaison n'implique nullement pour lui l'obligation d'être à proximité des troupes d'autres armes. Il choisit une position d'attente et se renseigne sur l'ennemi en observant par lui-même et en se servant de ses officiers d'état-major.

Quand il attaque, il doit appuyer, s'il le peut, l'une de ses ailes à un obstacle naturel ou des troupes amies ; à défaut de ces points d'appui, il choisit comme pivot de son mouvement sa propre artillerie.

Il dirige ses troupes au moyen d'ordres transmis par ses officiers d'état-major et ne prend qu'exceptionnellement le commandement direct d'une ligne.

Quand on va attaquer, le général indique aux commandants des

lignes son objectif principal ; ceux-ci ont le choix des moyens
d'exécution pour atteindre le but qui leur est assigné. *Les moyens
les plus simples sont les meilleurs quand on est en présence de l'ennemi.*

La *première ligne* reste formée en ligne de masses le plus longtemps possible et ne se déploie en passant par la ligne de colonnes qu'au moment de charger. Les escadrons des ailes sont
souvent détachés en flancs offensifs. Quand la première ligne réussit à déborder une aile ennemie, elle l'enveloppe et la prend à
revers avec les fractions qui se sont trouvées dans le vide au moment du choc.

L'artillerie prend position sur l'un des flancs de manière à intervenir dans la lutte ; elle est prête à suivre la division si elle est
victorieuse et en cas d'échec elle va prendre en arrière une position pour couvrir la retraite. Lorsqu'au moment de la charge, l'artillerie ne peut plus intervenir utilement, elle attelle ses avant-
trains et se tient prête à toute éventualité. Elle est protégée par
un escadron ou seulement un peloton qui fait du combat à pied.

Quand un corps de cavalerie se trouve momentanément condamné à l'inaction pendant le combat, son artillerie devient disponible et doit autant que possible prendre part à la lutte à côté
des batteries appartenant aux autres corps. Elle rejoint la cavalerie
au moment de la poursuite.

Les prescriptions du règlement allemand de 1893 relatives au
combat semblent empruntées presque textuellement au règlement
italien.

Combat à pied.

Voici le chapitre du règlement italien qui concerne le combat à
pied.

Cas dans lesquels on doit recourir au combat à pied. — La carabine
rend la cavalerie indépendante des autres armes ; elle augmente sa
force défensive et la rend plus apte à l'offensive en lui permettant
de tenter seule des entreprises lointaines et des coups de main
hardis.

Le combat à pied rend possibles certaines opérations qu'on ne
pourrait mener à bien en restant à cheval.

Ainsi, par exemple, la cavalerie peut forcer en combattant à pied un défilé organisé défensivement, au lieu de le tourner par un mouvement à grande envergure ; elle peut prévenir l'ennemi en occupant des points importants et s'y maintenir jusqu'à l'arrivée de l'infanterie ; elle peut arrêter l'ennemi en retraite, le contraindre à se déployer et lui faire perdre du temps. Elle peut encore couvrir la retraite d'un autre corps de cavalerie en occupant et défendant un défilé, défendre ses propres cantonnements et gagner de la sorte le temps de monter à cheval.

Le combat à pied permet aussi une intervention utile sur le flanc ou les derrières de l'ennemi.

La vitesse dont est dotée la cavalerie lui permet d'exercer par le feu une grande influence sur l'issue de la bataille.

Le combat à pied est une ressource à laquelle la cavalerie a le devoir de recourir toutes les fois qu'elle ne peut intervenir autrement.

Durée du combat à pied. — La cavalerie n'a pas les moyens d'entretenir un combat de longue durée au moyen du feu. Elle doit surtout agir par surprise, pour produire le plus grand effet moral possible. Elle doit entrer immédiatement en ligne avec tous les combattants dont elle dispose. Si elle n'atteint pas immédiatement son but, elle ne s'obstine pas à lutter, afin de ne pas s'user. Elle monte à cheval et va chercher ailleurs l'occasion d'agir plus efficacement.

Dans des cas exceptionnels, elle luttera jusqu'à ce qu'une solution intervienne.

L'artillerie peut être d'un très grand secours à la cavalerie combattant à pied.

On ne doit jamais oublier que le mode d'action le plus efficace de la cavalerie est le combat à cheval. Elle doit recourir au combat à pied seulement quand le terrain ou le but à atteindre ne permettent pas le combat à cheval.

Dans tous les cas, la cavalerie a l'obligation d'intervenir soit à pied, soit à cheval dans la lutte. L'inaction est la faute la plus grave que puisse commettre son chef.

En résumé, le règlement italien est rédigé avec une très grande concision ; il émet des principes et laisse aux exécutants le soin de choisir les solutions les plus appropriées au but ; l'initiative des chefs de tout grade est donc respectée.

Nous attirons l'attention de nos lecteurs sur deux points :

1° En Allemagne aussi bien qu'en Italie, le guide des unités de tout ordre se place en avant du centre de la troupe. L'acte du guide entraînant la troupe qu'il commande ne peut être comparé qu'à l'action mécanique de la traction exercée sur un objet qu'on veut déplacer ; on agit sur son centre de gravité. En est-il autrement quand il s'agit d'une troupe ?

2° Le règlement italien donne au commandant d'une division ou d'un corps de cavalerie une très grande indépendance de sa personne. Tandis que l'unité qu'il commande est abritée en position d'attente, il la quitte, va faire lui-même sa reconnaissance et ne base pas sa décision sur le rapport d'un officier d'état-major. Il voit par lui-même et donne ensuite ses ordres.

CHAPITRE X

LE SERVICE EN CAMPAGNE.

Le service de découverte. — Son but. — Principes fondamentaux. — Distribution
des troupes. — Distances et intervalles. — Exécution du service. — Transmission
des ordres et des renseignements. — Stationnement. — La patrouille de découverte. — Procédés d'instruction. — La cavalerie au combat.

La cavalerie italienne ne saurait prétendre jouer dans les guerres
de l'avenir un rôle prépondérant : elle combattra forcément, quel
que soit son adversaire, sur un terrain impropre à son action.
Tandis que les cavaliers français ou allemands rêvent de chevauchées brillantes, les cavaliers italiens se voient par la pensée endigués sur les routes rejetant le sabre et la lance devenus inutiles
pour faire le coup de feu comme les fantassins. Il est intéressant
de rechercher si cette absence d'idéal n'a pas eu d'influence sur la
rédaction du service en campagne. Nous allons répondre à cette
question en résumant les prescriptions éparses dans les différents
règlements et montrer quelle idée les Italiens se font du rôle de
la cavalerie dans la guerre prochaine.

Le service de découverte.

Son but. — Il importe que le généralissime aussi bien que les
commandants d'armée soient informés en temps voulu de la présence, de la force et de la situation de l'ennemi. C'est pour atteindre ce but que des corps de cavalerie précèdent le groupe d'armées
et les armées : ils ont pour mission de rechercher l'ennemi, de
prendre le contact avec son infanterie en repoussant la cavalerie
adverse, de conserver le contact et de fournir le plus de renseignements possible sur l'ennemi.

La cavalerie reçoit pour l'accomplissement de cette mission des ordres directs du chef, généralissime ou commandant d'armée, dont elle est l'instrument d'information. Les corps et les divisions de cavalerie sont appelés par suite unités *indépendantes* et ne relèvent que du commandant de l'unité à laquelle ils sont organiquement affectés.

Principes fondamentaux. — La cavalerie trouvera un premier obstacle à l'accomplissement de sa mission : la cavalerie adverse qu'il faudra au préalable attaquer et mettre hors de cause. Le commandant d'un corps de découverte doit par suite être en mesure de lutter avec avantage contre la cavalerie ennemie : il doit conserver groupées la plus grande partie possible des forces dont il dispose.

La cavalerie remplissant une mission de découverte doit avoir sa liberté d'action : elle n'est pas chargée de pourvoir à la sécurité des colonnes d'autres armes.

On définit quelquefois le service de découverte par deux mots : *voir et couvrir*. Cette définition est exacte si l'on comprend que la cavalerie doit voir d'abord, puis empêcher la cavalerie adverse d'en faire autant.

Il ne saurait être question de disséminer les forces de la découverte sur un front étendu pour couvrir matériellement les colonnes de l'armée. Un rideau même très dense constitué de la sorte serait toujours percé par une cavalerie agissant en masse.

Les dispositions prises pour le service de découverte doivent par suite être aussi simples que possible : le gros doit marcher rassemblé, précédé au loin du nombre de patrouilles nécessaire pour voir et être informé en temps voulu de la direction prise par le gros de la cavalerie adverse.

Distribution des troupes. — L'exécution du service de découverte est subordonnée à des circonstances variables, notamment la situation générale, la force dont on dispose, l'attitude de l'ennemi, le terrain...... On ne peut donc réglementer des procédés d'exécution : le chef de qui relève la cavalerie indépendante a toute initiative pour prendre les dispositions les plus propres à assurer le succès. Les règles que nous allons donner ont donc le caractère d'*indications générales* et ne sont pas des *formules*.

Un corps de découverte comprend en général : le gros, dont l'effectif est aussi fort que possible, — des escadrons détachés en avant, — précédés eux-mêmes par des patrouilles.

Les patrouilles ont pour mission de voir et rendre compte. Elles doivent s'abstenir de combattre et agir par la ruse. Elles sont commandées par des officiers ou des gradés intelligents. On les dispose sur un front assez large pour embrasser l'espace que pourront parcourir la cavalerie ou les colonnes de toutes armes de l'ennemi. Les patrouilles de découverte n'ont pas pour mission de pourvoir à la sécurité des troupes qui les suivent. Aussi, ne forment-elles pas un réseau dense : on leur donne comme direction les points importants et les flancs de l'ennemi.

Les escadrons de soutien fournissent les patrouilles, les recueillent et transmettent leurs rapports au commandant du service de découverte. Ils soutiennent les patrouilles et aident celles-ci à surmonter les résistances partielles qui les ont momentanément arrêtées.

On doit n'affecter au rôle de soutien qu'un nombre minimum d'escadrons afin de ne pas affaiblir le gros. En général, deux escadrons, trois au plus, suffiront pour une division.

Un escadron peut explorer un front d'une dizaine de kilomètres.

Les escadrons de découverte ne sont pas liés dans leur liberté d'action par la nécessité de couvrir le gros. Ils ne relèvent que de leur but.

Pour assurer la liaison entre ces escadrons et fixer la distance à laquelle ils pourront opérer, pour faciliter enfin la transmission de leurs rapports, on se bornera à leur indiquer les localités *à proximité desquelles* ils devront se trouver après chaque journée. Cette indication leur sera donnée soit au jour le jour, soit dès le début pour une série de plusieurs jours. Ces prescriptions n'auront jamais un caractère par trop absolu, afin que le commandant de l'escadron ait toute liberté pour prendre le parti imposé par la situation.

Le gros marche fractionné en plusieurs colonnes loin de l'ennemi et se rassemble quand le contact est pris.

Le fractionnement en plusieurs colonnes opérant séparément n'est admis que lorsqu'on traverse une région où tout déploiement est impossible, terrain marécageux, rizières, etc. Il est préférable de contourner les zones de terrain impropres à l'action de l'arme.

Le gros de la découverte n'est nullement astreint à marcher derrière le centre du réseau d'exploration. Il se portera souvent en dehors d'une aile de ce réseau couvert dans ces mouvements latéraux par les escadrons de découverte.

Le gros détache généralement en avant-garde le reste du régiment qui a fourni les escadrons de découverte.

L'artillerie marche le plus souvent avec la colonne principale. Elle se tient en général au gros de la colonne.

Les convois suivent à une grande distance. Ils sont défendus par les hommes à pied et éclairés par un peloton.

On attache souvent aux corps de cavalerie chargés du service de découverte des détachements d'infanterie. Ceux-ci occupent sur les derrières de la cavalerie des points importants, afin de la recueillir en cas d'échec.

La cavalerie doit se considérer comme absolument indépendante des fractions d'infanterie qui l'appuient et ne pas subordonner ses propres mouvements à la moindre vitesse de cette dernière arme. On se servira souvent d'infanterie pour protéger le convoi d'un corps de cavalerie.

Distances et intervalles. — Les distances et les intervalles des divers éléments du service dépendent uniquement des circonstances, aussi le règlement italien dit-il sagement qu'il s'abstiendra de toute indication numérique. « Il importe de ne pas réglementer un schéma, une formule toute faite d'avance; on ne doit pas perdre de vue le but assigné et le sacrifier à la forme. »

L'avant-garde doit marcher à une distance telle que le gros ait le temps de passer de l'ordre de marche à la formation de rassemblement.

Tant que l'ennemi n'est pas signalé, les escadrons de découverte peuvent prendre du champ. En général, ils marcheront à une journée en avant du gros, quelquefois plus loin. Après la prise du contact, quand le combat est imminent, les deux éléments se rapprocheront.

Les escadrons de découverte marcheront à une distance des patrouilles telle que celles-ci puissent facilement leur faire parvenir les rapports ; les escadrons doivent être en mesure d'appuyer énergiquement les patrouilles quand leur intervention devient nécessaire. S'ils suivent de trop près les patrouilles, ils sont exposés à se trouver engagés mal à propos. On admet généralement que les escadrons se tiendront derrière les patrouilles à une distance égale au front d'exploration qui leur est assigné, soit environ 10 kilomètres. Ce chiffre n'a rien d'absolu.

Il est inutile d'indiquer l'intervalle qui peut exister entre les patrouilles et les escadrons. Les circonstances et le terrain sont les seules considérations permettant de fixer cette donnée.

Exécution du service. — L'ordre du commandant de la découverte indique sommairement les renseignements qu'on a déjà sur l'ennemi, le but à atteindre, les dispositions, la manière d'opérer adoptées, la répartition des troupes, le nombre des escadrons de découverte, le régiment qui les fournira, le but assigné à chacun d'eux, les localités auprès desquelles ils devront stationner chaque soir ; la route ou les routes suivies par le gros, et, dans le cas où le gros se fractionne, avec quelle colonne marche le commandant de la cavalerie.

L'ordre indique en outre les heures de départ et les dispositions prises pour l'alimentation.

Il est recommandé de ne pas s'étendre longuement sur la mission assignée aux escadrons de découverte. Les commandants de ces escadrons doivent avoir toute liberté pour choisir les moyens les plus propres à atteindre le but.

Indépendamment des patrouilles fournies par les escadrons de découverte, le commandant de la cavalerie envoie quelques patrouilles spéciales, pointes d'officiers sur les points importants ou latéralement par rapport à la zone fouillée par les escadrons.

Le commandant de la cavalerie marche généralement avec l'avant-garde, mais il a toute latitude pour quitter les troupes et aller par lui-même examiner la situation avant de prendre un parti.

Le commandant d'un escadron de découverte envoie le moins possible de patrouilles. Il donne à leurs chefs des instructions assez larges pour ne pas entraver leur initiative.

Transmission des ordres et des renseignements. — Les commandants des escadrons de découverte doivent, même s'ils n'ont rien de nouveau à signaler, donner de leurs nouvelles au commandant de la cavalerie.

Ces rapports ne mentionnant rien de nouveau contribuent à éclairer le chef sur l'ensemble de la situation : il est de la sorte assuré que l'absence de nouvelles ne provient pas de la perte d'une estafette.

Le commandant de la découverte indique dans son ordre à quels intervalles les escadrons devront lui faire parvenir ces avis périodiques, faute d'autres nouvelles.

Avant la prise du contact, deux communications de ce genre suffisent pour une journée. Plus tard, les relations facilitées d'ailleurs par le rapprochement des divers éléments devront être plus fréquentes. Quand les escadrons sont à une très grande distance du gros, on a recours exceptionnellement aux postes de correspondance composés de 3 ou 4 hommes et 1 gradé et espacés d'une dizaine de kilomètres. On préfère à ce mode de transmission le télégraphe, les voitures ou même les estafettes.

Stationnement. — On affecte le moins de monde possible à la garde des cantonnements. Les patrouilles se replient en général sur les escadrons de soutien.

Le relèvement des fractions affectées au service de découverte ne s'opère que tout à fait exceptionnellement.

Service des patrouilles. — Le succès du service de découverte dépend surtout de la façon dont les chefs de patrouilles s'acquittent de leur mission. Ceux-ci doivent être prudents, rusés, hardis et avoir beaucoup de jugement.

La mission assignée à une patrouille doit être bien déterminée et exposée autant que possible sous forme de questionnaire. L'initiative du chef de patrouille n'est pas limitée pour cela, il peut évidemment fournir des renseignements autres que ceux qui lui sont demandés, et même étrangers à sa mission.

Le chef qui envoie une patrouille doit indiquer à celui qui la commande ses intentions, le but qu'il poursuit, les renseignements qu'il a déjà, afin de le mettre à même de discerner les renseignements importants de ceux qui sont inutiles.

L'effectif d'une patrouille dépend des circonstances : quelquefois un officier ou un gradé intelligent suffisent, d'autres fois on enverra un peloton entier. En général, plus une patrouille est faible et mieux elle réussit à voir sans être vue. On est souvent contraint en pays hostile de renoncer à envoyer de petites patrouilles, qui, lancées à de grandes distances, trouveraient des résistances impossibles à surmonter ou ne pourraient envoyer leurs rapports.

Le chef d'une patrouille évite en général le combat, mais il est toujours seul juge de l'attitude à prendre. Il ne doit pas songer constamment à sa ligne de retraite, mais se préoccuper avant tout de voir. Un petit nombre d'hommes déterminés et bien montés réussiront toujours à revenir, même s'ils ont été momentanément dépassés par quelques fractions ennemies.

La patrouille cantonne la nuit dans les maisons isolées ou mieux se replie sur l'escadron de soutien.

Le chef d'une patrouille doit, dans son rapport, fournir des renseignements, constater des faits matériels, mais il n'a pas à *apprécier la situation.*

Procédés d'instruction. — Nous ne reproduirons pas les prescriptions des règlements italiens relatives à la tactique de marche et de stationnement. Les règles d'emploi de l'arme sont absolument les mêmes en Italie qu'en Allemagne, en France ou en Autriche. Nous devons noter toutefois la tendance qu'ont les cavaliers italiens à faire aux manœuvres d'automne un fréquent usage du combat à pied.

Cette tendance s'explique : le combat à pied n'est-il pas le seul mode d'action permis sur des terrains parsemés d'obstacles où la cavalerie ne peut se déployer? Enfin, si la cavalerie italienne doit se trouver un jour en face d'une cavalerie prépondérante, elle songe avec raison que le meilleur moyen de l'arrêter sera de lutter à pied avec la carabine.

Les procédés d'instruction en usage dans les régiments italiens sont les mêmes qu'en France. Tandis que les reprises de recrues s'acheminent vers le terrain, on leur donne en route des notions d'orientation, puis on leur apprend le rôle du cavalier en patrouille, en vedette, au petit poste. Plus tard, dans les exercices de pelotons contre pelotons, puis d'escadrons contre escadrons, on forme les cadres inférieurs. On oppose enfin les deux demi-régiments l'un à l'autre. Les exercices ont alors un caractère plus particulièrement tactique. Les troupes d'autres armes, avec lesquelles la cavalerie est censée opérer, sont figurées. La cavalerie apprend à servir de soutien à l'artillerie et à remplir le rôle d'escadrons divisionnaires. Car en Italie, on a compris la nécessité de doter les corps d'armée d'une cavalerie spéciale, appelée à opérer en liaison intime avec les avant-gardes et les avant-postes. Nous avons vu que le corps de cavalerie dont dispose le généralissime aussi bien que les divisions servant de cavalerie d'armée n'ont pas pour mission de couvrir les colonnes de toutes armes. Celles-ci seront protégées par des escadrons opérant à petite distance et rattachés aux avant-gardes. Jusqu'ici on affectait à ce service une partie des escadrons actifs. Il est question de former, pour cette mission purement défensive, des escadrons de réserve, afin d'accroître l'effectif de la cavalerie active qui est avant tout un instrument de combat. Un premier pas a déjà été fait dans cette voie, nous avons eu l'occasion de le constater en étudiant la mobilisation de la cavalerie italienne.

La cavalerie dans le combat.

Il nous reste à dire quelques mots sur le rôle assigné à la cavalerie dans la bataille par le règlement de 1891, qui donne les règles générales pour l'emploi des trois armes.

Dans les préliminaires de l'engagement, la cavalerie doit se maintenir le plus longtemps possible dans la zone qui sépare les deux infanteries adverses et recourir au combat à pied plutôt que céder le terrain. Tandis que l'infanterie se déploie, la cavalerie se rassemble derrière une aile : elle a le devoir d'intervenir de sa propre initiative dans toutes les phases du combat offensif ou défensif. Le commandant de la cavalerie suivra par lui-même ou par l'intermédiaire de ses officiers d'état-major la marche de l'action afin de saisir les occasions qui peuvent se présenter.

La cavalerie cherchera à aborder en masse un point de la ligne ennemie, puis à se jeter dans l'un des angles morts qui existent forcément entre la chaîne et les soutiens, ou encore entre deux fractions voisines. Dans ces conditions, la cavalerie n'éprouve guère de pertes par le feu et paralyse complètement l'infanterie adverse. La cavalerie doit charger sans masquer le feu de sa propre infanterie.

La cavalerie peut attaquer seule une infanterie déjà ébranlée, à condition d'utiliser le terrain en masquant sa marche d'approche et de charger en ordre profond pour produire une succession d'efforts sur un même point.

Dans aucun cas, le fait que la cavalerie n'a en face d'elle aucune cavalerie adverse ne saurait justifier son inaction.

En résumé, nous retrouvons dans les prescriptions relatives au service de découverte, au rôle de la cavalerie dans les marches, en station et au combat, l'affirmation de deux principes : l'initiative et la liaison des armes.

APPENDICE

Le nouveau règlement. — Un mot sur le rôle de la cavalerie dans la campagne
d'Abyssinie. — Conclusion.

Depuis que nous avons exposé les méthodes d'instruction pratiquées dans la cavalerie italienne, un nouveau règlement a paru ;
il n'apporte d'ailleurs aucune modification aux principes contenus
dans le règlement précédent. Les dispositions concernant les écoles
de peloton, d'escadron, de régiment, de brigade et de division sont
la reproduction textuelle des articles que nous avons analysés et
commentés.

Seule, la progression de l'école du cavalier a été changée : autrefois, cette partie de l'instruction était divisée en quatre périodes :
1° travail en bridon, galop et saut d'obstacles, un mois ; 2° travail
en étriers, deux mois ; 3° travail en bride, travail à l'extérieur,
deux mois ; travail en armes, un mois ; soit une durée totale de six
mois. Ces périodes ont été ramenées respectivement à une durée
de : 1° quinze jours ; 2° un mois ; 3° un mois et demi ; 4° un mois,
de sorte que le cavalier italien figure dans le rang au bout de quatre mois de service.

Cette méthode d'instruction intensive paraît donner d'assez bons
résultats : l'homme de recrue italien est, en raison de sa qualité de
méridional, plus précoce que le jeune soldat des autres armées : à
20 ans sa croissance est terminée, c'est un homme fait, il est donc
mieux préparé pour subir dans un minimum de temps la succession d'épreuves physiques qui doit en faire un cavalier. Et cependant les officiers italiens eux-mêmes formulent bien des critiques
au sujet de l'application des nouvelles méthodes. Il suffit d'une
indisponibilité de quelques jours pour mettre un jeune soldat dans
l'impossibilité de rattraper ses camarades ; le nombre des retardataires est par suite considérable dans les escadrons.

Le cavalier n'ayant qu'une instruction ébauchée va échapper dans le rang à la surveillance constante de l'instructeur : ce ne sont plus des fautes individuelles, mais des fautes d'ensemble qu'on rectifie à l'école d'escadron. Le jeune cavalier n'étant pas suffisamment confirmé contracte par suite des défauts de position qu'il sera plus tard difficile, sinon impossible de corriger. A la fin de l'année, il est vrai, on reprendra les anciens pour parachever leur instruction. C'est exact, théoriquement ; mais, dans la pratique, la plupart des cavaliers qui ont suivi les exercices de la première année échappent plus ou moins complètement à leurs instructeurs. En Italie comme ailleurs, il y a de nombreux employés ; on a le plus souvent recours à la main-d'œuvre militaire qui coûte moins cher. Enfin dans le but de réduire le nombre des journées de présence on envoie constamment des cavaliers en congé, — pour le plus grand bien du budget et au détriment de l'instruction. Nous ajouterons que les officiers devant assurer les services multiples du régiment, pansage, dressage, etc., y conservent les meilleurs éléments. De sorte que les cavaliers qui disparaissent pour ne plus monter à cheval que de loin en loin, sont précisément ceux dont l'instruction laisse le plus à désirer.

Les instructeurs italiens ont, on le voit, à s'acquitter d'une tâche qui, sous bien des rapports, ressemble au travail entrepris jadis par les Danaïdes.

Tandis que l'instruction professionnelle du cavalier italien diminue, on s'efforce plus que jamais de le doter d'une solide éducation morale. C'est cette préoccupation sans doute qui a inspiré le décret du 3 décembre 1896 rendant aux régiments de cavalerie les étendards supprimés, lors de la réorganisation de l'arme en septembre 1871. On a pensé que l'étendard serait un moyen de cohésion puissant, la préoccupation du chef sera de garder toujours sous la main un noyau assez important pour en assurer la défense. Enfin, il a semblé logique que le cavalier, de même que ses camarades des autres armes, eût constamment sous les yeux le signe visible qui est l'emblème de la patrie.

Depuis que nous avons commencé la publication de nos études sur la cavalerie italienne, de graves événements se sont passés en

Érythrée. Nous allons en dire un mot, essayer de tirer la leçon qui s'en dégage et montrer que les désastres italiens sont dus surtout à l'absence de cavalerie dans le corps expéditionnaire. Nous ne voulons pas raconter en détail la récente campagne ; nous nous bornerons à résumer les faits les plus saillants en renvoyant nos lecteurs à la *Revue militaire de l'Étranger* qui a publié sur ce sujet un récit très complet. Au lieu de paraphraser ce récit, nous allons donner les impressions d'un certain nombre d'acteurs du drame sanglant joué en Abyssinie, que le hasard nous a fait rencontrer.

Tandis que l'armée abyssinienne, composée de 100,000 hommes environ et de *30,000 cavaliers gallas*, se rassemble autour du lac Ascianghi, les forces italiennes comprenant 15,000 hommes et quelques pièces d'artillerie, *sans cavalerie*, sont éparpillées entre Massaoua et Amba-Alaghi.

Le corps de couverture (4,000 hommes), sous les ordres du général Arimondi, est encore fractionné en deux groupes tellement éloignés l'un de l'autre, que le premier sera écrasé avant que la nouvelle en soit parvenue au second.

Le major Toselli, commandant le premier groupe, est posté sur une forte position à Amba-Alaghi ; il sait par des émissaires que l'armée ennemie s'approche, mais comme il n'a pas de cavalerie, il n'en est pas moins surpris par l'arrivée inopinée de l'avant-garde ennemie tout entière, qui prend aussitôt le contact, le 6 décembre au soir, avec ses avant-postes. Dès maintenant, il ne peut plus se dégager : la retraite sans combat serait aussi désastreuse qu'une défaite. Le 7, il est cerné complètement par le corps du ras Makonnen et sa colonne est anéantie. Les fuyards poursuivis par les cavaliers gallas tombent presque tous au pouvoir de l'ennemi.

Une retraite rapide sur Makallé et Adigrat permet seule au général Arimondi, resté en arrière à Scelicot, d'échapper au même sort.

L'absence de cavalerie au corps de couverture a eu des conséquences désastreuses : Toselli, prévenu à temps de l'approche de forces supérieures aux siennes, eût pu refuser le combat et se replier. Les deux groupes du corps de couverture, éloignés à peine de 50 kilomètres l'un de l'autre, n'ont aucun lien entre eux. C'est par quelques fuyards qu'Arimondi apprend le désastre d'Amba-Alaghi.

Cependant le négus lance au loin sa cavalerie ; les Italiens ont laissé une garnison dans le fort de Makallé ; celle-ci est aussitôt cernée par les cavaliers gallas, bientôt suivis par le corps de Makonnen. Le 22 janvier, le colonel Galliano se rend et l'armée abyssinienne arrêtée quelque temps par le siège de Makallé reprend sa marche sur Adigrat.

Cependant l'armée italienne s'accroît de jour en jour par des renforts arrivés d'Italie. L'Italie est plus près d'Adigrat que le négus ; la traversée de Naples à Massaoua dure huit jours et la marche de Massaoua à Adigrat peut être effectuée sur des routes relativement bonnes en quatre ou cinq jours. Le négus, au contraire, n'a, pour progresser, que des chemins muletiers traversant une région aussi accidentée que le massif des Pyrénées. Sa cavalerie le précède et reste en contact avec les Italiens. Ceux-ci continuent à recevoir des renforts d'infanterie et d'artillerie, mais pas un seul cavalier, sous le mauvais prétexte que le terrain des opérations est impropre à l'action de l'arme.

L'armée italienne rassemblée à Adigrat est dans un état d'esprit intéressant à constater. Quand on voit les Abyssins, on se demande s'ils vont attaquer. On fait d'inutiles préparatifs pour les recevoir. On fatigue les troupes par d'incessantes prises d'armes.

Tout à coup les Abyssins disparaissent ; le commandement italien est encore plus inquiet. « L'ennemi nous tourne sans doute, peut-être est-il en marche sur Massaoua ? » On vit donc à Adigrat dans un état d'affolement perpétuel. A quoi tient cette incertitude énervante sur les projets de l'adversaire ? A l'absence de cavalerie.

Le 29 février, l'armée italienne est campée sur les hauteurs qui s'étendent de Sauria au col de Zala. Baratieri dispose de 30,000 hommes répartis en quatre brigades. Les troupes sont affaiblies par les privations et énervées par une longue attente.

Les Abyssins sont campés au nord d'Adoua. Le négus dispose seulement de 60,000 fusils ; par suite du manque de fourrages, il s'est démuni de sa cavalerie et l'a envoyée dans des pâturages à 40 kilomètres en arrière, il n'a sous la main qu'un millier de cavaliers gallas.

Le 9 février, à 9 heures du soir, l'armée italienne se porte en trois colonnes sur les hauteurs qui s'étendent entre le col de Chidane-Méret et Rebbi-Ariene. La colonne de gauche (général Albertone) se trompe et vient croiser et retarder la colonne du centre (Arimondi). Quelques cavaliers éclairant les colonnes auraient permis d'éviter ce contretemps. Albertone, interprétant mal les ordres qu'on lui avait donnés, reprend sa marche, dépasse le point où il devait s'arrêter et se heurte à l'armée abyssinienne tout entière. Il est écrasé. Pendant ce temps, les Abyssins, qui ont pris les armes, attaquent et cernent le centre et la droite des Italiens. Chaque colonne restée, *faute de cavalerie*, sans aucun lien tactique avec les colonnes voisines livre combat pour son compte ; il n'y a aucune action d'ensemble.

Des monts Abba-Garima, Ménélick suit toutes les phases de la bataille ; quand, vers 11 heures trois quarts, il voit les fanions des généraux Baratieri et Ellena qui se retirent, il s'écrie : *Ah! si j'avais ma cavalerie!* Si les 30,000 cavaliers gallas avaient pris part à la bataille, l'armée italienne tout entière eût été anéantie.

Ces faits étaient intéressants à citer, ils prouvent que les nécessités tactiques qui exigent impérieusement la présence des trois armes dans un corps appelé à opérer isolément sont absolument les mêmes sous toutes les latitudes, en Afrique comme en Europe. Il n'était pas inutile de rappeler que la cavalerie doit jouer un rôle aussi important dans les expéditions coloniales que dans les guerres européennes. N'avons-nous pas bien des camarades qui, en matière de guerre coloniale, nient la tactique et seraient tentés de puiser des inspirations dans la lecture du « dernier des Mohicans » ?

Nous avons, dans les chapitres qui précèdent, étudié successivement l'organisation, la mobilisation, le recrutement, la remonte et les règlements de la cavalerie italienne ; le moment est venu de résumer nos appréciations.

En Italie, comme chez les autres nations européennes, la cavalerie est l'élite de l'armée ; elle mettrait en ligne le jour de la mobilisation des cavaliers instruits, appartenant presque tous à l'armée permanente. En Italie comme ailleurs, la cavalerie exerce par son prestige une attraction incontestable sur les jeunes gens qui se destinent à la carrière militaire, et cette circonstance facilite singuliè-

rement le recrutement de ses cadres. Si donc l'axiome formulé par
le service intérieur est vrai, si la valeur d'une troupe dépend uniquement de la qualité de ses officiers (*tali son le truppe quali sono
gli ufficiali*), les escadrons italiens commandés par des hommes de
cœur, animés du patriotisme le plus ardent et suivant d'un œil ja-
loux les progrès réalisés à l'étranger, n'auraient rien à envier à
leurs rivaux des autres armées.

Nous avons constaté que les règlements italiens, tout en présen-
tant quelques solutions originales, sont dans leur ensemble la reproduction des règlements en service dans les autres armées. Il
est assez naturel que, tendant partout au même but, se trouvant aux
prises avec les mêmes difficultés, on ait eu recours aux mêmes
moyens.

La cavalerie italienne se trouve, sur un point non des moins importants, dans un état d'infériorité marquée : sa remonte laisse
beaucoup à désirer. Quand on voit passer un régiment italien, on
est frappé du manque d'homogénéité de ses chevaux qui diffèrent
trop les uns des autres comme taille et comme allure. L'Italie possédait autrefois des races indigènes dotées à un degré éminent des
qualités qui font le bon cheval de guerre, la sobriété et l'endurance
à la fatigue. Le romain, le napolitain, le sarde, le persano et le
maremmais surtout étaient justement estimés. Depuis une cin-
quantaine d'années les éleveurs se sont efforcés de substituer aux
chevaux indigènes les types anglo-normands et irlandais. Ils ont
réussi à donner à leurs produits un peu plus de taille et d'élégance,
au détriment des qualités plus sérieuses : ils n'ont pas atteint complètement leur but et l'Italie a perdu son ancien cheval d'armes.

Nous avons constaté que les régiments italiens ne manquaient
ni d'allant ni d'entrain. Les officiers ont vraiment un certain mérite à conserver intacte leur foi dans les destinées de leur arme
tant dénigrée par leurs compatriotes. L'opinion publique en Italie
considère en effet la cavalerie comme un objet de luxe, brillant
sans doute, mais coûteux, encombrant et inutile. La nature montagneuse des régions qui seront forcément le théâtre des premières
opérations dans la guerre prochaine, a donné à ce préjugé une ap-
parence de raison. Enfin, les besoins de l'élevage et le morcellement de la propriété ont multiplié les obstacles infranchissables et

les clôtures en fil de fer dans des campagnes jadis accessibles aux cavaliers. Les escadrons italiens endigués sur les routes pourront donc tout au plus intervenir le fusil à la main dans les guerres futures. Les longues chevauchées suivies de charges brillantes, ce rêve des cavaliers russes, français et allemands, n'est pas le partage du cavalier italien : il a pourtant une mission essentielle à remplir : éclairer et couvrir l'armée.

En méconnaissant l'importance de ce rôle, les Italiens nous ont récemment rappelé, à leurs dépens, que sans la coopération des trois armes on ne peut obtenir en campagne aucun résultat sérieux.

TABLE DES MATIÈRES

Nancy. — Imprimerie Berger-Levrault et Cie.

BERGER-LEVRAULT ET Cie, LIBRAIRES-ÉDITEURS

PARIS, 5, rue des Beaux-Arts. — 18, rue des Glacis, NANCY.

Travail à la longe et dressage à l'obstacle, par le comte Raoul de GONTAUT-BIRON, ancien écuyer à Saumur. 3ᵉ édition. 1893. Grand in-8, avec 40 figures, br. . . **4 fr.**

Dressage du cheval de guerre et du cheval de chasse, suivant la méthode de feu M. le commandant DUTILH, écuyer en chef à l'École de cavalerie, par un de ses élèves. 3ᵉ édition, revue et corrigée, et augmentée de 11 gravures. 1891. Gr. in-8, broché. . . . . **4 fr. 50 c.**

Cours théorique d'équitation, de dressage et d'attelage, par J. LENOBLE DU TEIL, écuyer-professeur à l'École des haras nationaux. 1889. Volume gr. in-8 de 473 pages, avec gravures, broché. . . . . **10 fr.**

Les Allures du cheval dévoilées par la méthode expérimentale. Conduite du cheval simplifiée, par J. LENOBLE DU TEIL, écuyer-professeur à l'École des haras nationaux. 1893. Volume grand in-8, avec 117 figures par El. LIEZ, broché . . . . . . **6 fr.**

Équitation diagonale dans le mouvement en avant. Un volume in-12 de 220 pages, broché . . . . **2 fr. 50 c.**

Traité des résistances du cheval. Méthode raisonnée de dressage des chevaux difficiles au moyen de la cravache, par le lieutenant-colonel A. GERHARDT. Édition revue et considérablement augmentée. 1889. Volume grand in-8 de 597 pages, avec gravures, broché . . . . **12 fr.**

L'Équitation en France. Ses écoles et ses maîtres depuis le xvᵉ siècle jusqu'à nos jours, par Charles DUPLESSIS. Préface de M. le général L'HOTTE, ancien commandant de l'École de Saumur. Beau volume grand in-8, de 643 pages, broché . . . **10 fr.**

Le Mécanisme des allures du cheval, par Maxime GUÉRIN-CATELAIN. 1896. Un volume grand in-8, avec 59 chronophotographies et croquis, broché. . . . . **3 fr.**

Le Cheval de guerre, par P. GÉRUZEZ. 1897. Brochure in-12 . . . . **75 c.**

Notions de Dressage, d'Équitation et d'Hippologie, à l'usage des officiers d'infanterie, par un officier de cavalerie. 1895. Un volume in-8, broché . . **1 fr. 50 c.**

Guide de l'Officier d'infanterie monté, par A. LAFERRIÈRE, ex-capitaine instructeur à l'École de Saumur. 1886. Volume in-12, avec 11 planches, broché. **2 fr. 50 c.** Relié en percaline . . . . **3 fr. 50 c.**

Cours abrégé d'Hippologie à l'usage des sous-officiers, etc., des corps de troupes à cheval, approuvé le 2 avril 1875 et mis en concordance avec la réglementation le 22 mai 1888. In-18, cartonné . . . . **1 fr. 50 c.**

L'Entraînement et la préparation des chevaux à la guerre. Étude par C. CHOMEL, vétérinaire militaire. 1892. Volume grand in-8, broché . . **3 fr. 50 c.**

Faire un cavalier en aussi peu de temps que possible, par un officier de troupes. 1895. Grand in-8, broché . . . . **1 fr. 25 c.**

Petit vocabulaire des principaux termes de Courses et de vénerie. 1887. Grand in-8, broché . . . . **2 fr.**

Leçons de Chic. Souvenirs et traditions militaires, par une SABRETACHE. Nouvelle édition. 1894. Brochure grand in-8, avec 60 figures, détails d'uniformes. . . . **2 fr.**

Les Manœuvres d'ensemble de cavalerie dans le Gâtinais (1896). Rapport du général DE JESSÉ, président du comité de cavalerie, directeur supérieur des manœuvres. 1897. Un volume grand in-8, avec 3 grandes cartes hors texte et 11 croquis d'orientation, broché . . . . **3 fr. 50 c.**

La Colonne expéditionnaire et la Cavalerie à Madagascar, par le commandant A. AUBIER, du 16ᵉ dragons. 1898. Grand in-8, avec 4 cartes, broché. **2 fr. 50 c.**

De l'Armement de la Cavalerie. *Lance et Sabre.* Cavalerie allemande et cavalerie française, par le commandant FAUVART-BASTOUL, chef d'escadrons au 26ᵉ régiment de dragons. 1897. Un volume in-12, avec figures, broché. . . . . **2 fr. 50 c.**

Le Combat à pied dans la cavalerie. Essai d'un traité pratique et complet, par E. BEAUDESSON, lieutenant au 5ᵉ hussards. 1897. Grand in-8, broché. . . . . **2 fr.**

Essai sur l'Instruction pratique des cadres dans la Cavalerie, par le commandant P. S. 1897. Un vol. grand in-8, avec 3 croquis et 2 cartes hors texte br. **3 fr.**

Revue de Cavalerie, paraissant en 12 livraisons mensuelles, à partir d'avril 1885. — *Chaque livraison comprend environ 8 feuilles grand in-8, avec figures dans le texte et planches hors texte.* — Prix par an, France. . . . . **30 fr.** Union postale . . . . **33 fr.**